DICAS DE PROJETOS, MATERIAIS E TÉCNICAS

Este livro teve apoio institucional de:

JONAS SILVESTRE MEDEIROS

CONSTRUÇÃO
101
PERGUNTAS
&
RESPOSTAS

DICAS DE PROJETOS, MATERIAIS E TÉCNICAS

Copyright © 2013 Inovatec Consultores Associados., por meio de contrato de coedição com a Minha Editora.

Editor gestor: Walter Luiz Coutinho
Editora: Karin Gutz Inglez
Produção Editorial: Marcos V. Toledo de Oliveira, Cristiana Gonzaga S. Corrêa e Juliana Morais
Capa: Daniel Justi
Projeto gráfico: Daniel Justi
Diagramação: Departamento Editorial da Editora Manole
Revisão: Michelle B. Macchi
Ilustrações do miolo: Sabrina Melo da Silva
Fotos do miolo: gentilmente cedidas pelo autor

Dados Internacionais de Catalogação na Publicação (CIP)
(Câmara Brasileira do Livro, SP, Brasil)

Medeiros, Jonas Silvestre

Contrução – 101 perguntas e respostas: dicas de projetos, materiais e técnicas / Jonas Silvestre Medeiros.
Barueri, SP : Minha Editora, 2013.

ISBN 978-85-984-1699-1

1. Construções - Técnicas I. Título.

12-05321   CDD-690

Índices para catálogo sistemático:
1. Contruções : Técnicas 690

Minha Editora é um selo editorial Manole para projetos especiais.
Construbook é um selo editorial de divulgação técnica da Inovatec Consultores Associados Ltda.
Nenhuma parte deste livro poderá ser reproduzida, por qualquer processo, sem a permissão expressa dos editores.
É proibida a reprodução por fotocópia.

1ª Edição – 2013

Editora Manole Ltda.
Avenida Ceci, 672 – Tamboré – 06460-120 – Barueri – SP – Brasil
Tel.: (11) 4196-6000 – Fax: (11) 4196-6021
www.manole.com.br | info@manole.com.br

Impresso no Brasil | *Printed in Brazil*

Este livro contempla as regras do Acordo Ortográfico da Língua Portuguesa de 1990, que entrou em vigor no Brasil em 2009.

São de responsabilidade do autor as informações contidas nesta obra.

A Inovatec Consultores Associados, por meio do selo editorial Construbook, em parceria com a Editora Manole, lança um projeto de divulgação técnica sobre tecnologia de construção, destinado ao público em geral.

O selo editorial Construbook é uma iniciativa pioneira no Brasil, que objetiva colocar ao alcance de leigos e técnicos alguns conhecimentos básicos, além de informações úteis e curiosidades sobre construção de edificações.

A Editora Manole, por meio do selo Minha Editora, e a Inovatec Consultores, por meio do selo Construbook e com o incentivo de organizações apoiadoras, têm orgulho em viabilizar este projeto para sanar dúvidas e levar mais informações aos leitores brasileiros.

*Dedico este livro aos meus pais,
João e Helena, que desde sempre me
apoiaram incondicionalmente e me
estimularam à curiosidade.*

Agradeço aos meus mestres na
escola e na prática de construir e em
especial ao meu grande mestre Prof.
Dr. Fernando Henrique Sabbatini.

SUMÁRIO

Apresentação • IX

Prefácio • XI

Como surgiu a ideia do livro • XIII

1   A construção de edificações no Brasil • 1

2   Tipos de construção e construção sustentável • 5

3   O que devo saber antes de começar a construir • 9

4   Projeto, planejamento e desempenho da construção • 11

5   Estruturas e fundações: itens de segurança • 21

6   Paredes e divisórias: compartimentação funcional • 33

7   Instalações: fazendo a casa funcionar • 43

8   Janelas e portas: acesso, conforto e segurança • 51

9   Água: problema e solução • 59

10 Telhas, telhados e coberturas: proteção • 67

11 Revestimentos: o que os olhos veem, o coração sente • 75

12 Defeitos comuns, reparos e reformas simples • 91

Índice remissivo • 101

Foto: Jonas Silvestre Medeiros

APRESENTAÇÃO

Com linguagem acessível e abordagem simples, fundamentada em sólidos conhecimentos na área, o ex-professor da Poli-USP e consultor de empresas, o engenheiro Dr. Jonas Medeiros, coloca ao alcance de leigos e técnicos respostas e soluções às mais variadas dúvidas enfrentadas na hora de construir, reformar ou comprar a casa própria. Medeiros reuniu a experiência de responder questões comuns de alunos, clientes, amigos, leitores de revistas temáticas e internautas que consultavam o *website* de sua empresa de consultoria.

As perguntas foram editadas uma a uma para facilitar o entendimento por pessoas não técnicas e, ao mesmo tempo, atender o interesse da maioria. As respostas permitem o acesso ao conhecimento básico para que o leitor interessado no tema evite erros comuns e possa investir melhor na hora de construir ou reformar.

Uma boa parte das respostas é ilustrada, tornando a compreensão ainda mais fácil. As ilustrações foram feitas a partir da coleção particular de fotos do autor ou de croquis elaborados com base em projetos reais. O livro também conta com uma série de fotografias, todas registros de casos reais, que explicam técnicas de execução ou mostram o resultado do uso adequado de materiais.

O texto não pretende substituir a consulta profissional, mas mostrar, na prática, como a informação correta transmitida na hora certa pode evitar dor de cabeça e tornar a obra motivo de satisfação pessoal. Afinal, a maioria dos brasileiros que costuma investir — muitas vezes, a economia de anos de trabalho — na busca de qualidade de vida por meio da casa dos sonhos conhece ou conhecerá essa realidade.

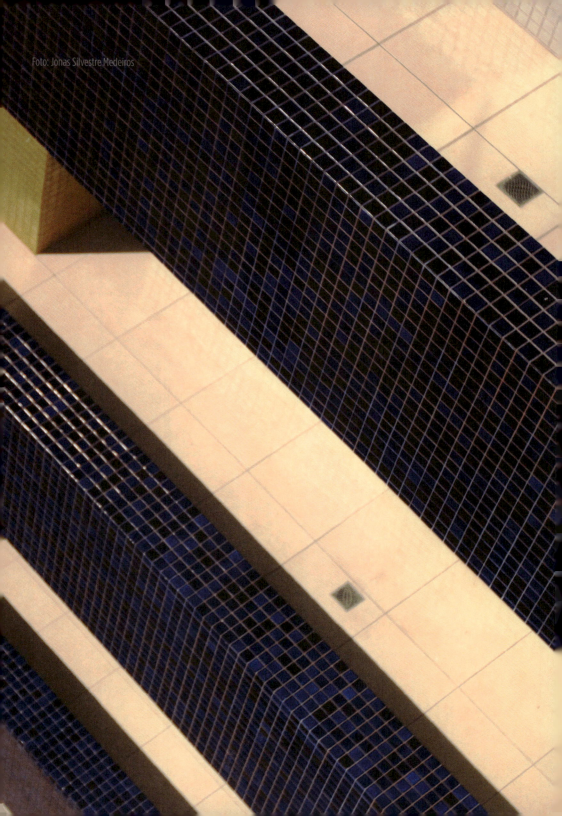

Foto: Jonas Silvestre Medeiros

PREFÁCIO

Poucas experiências humanas são significativas quanto à construção de uma casa. Erguer a primeira morada, fazer o refúgio de férias da família, reformar o apartamento para os filhos que casam... Todos esses momentos da vida são feitos de alegria, contudo, também são repletos de preocupações e dúvidas. Pressupõem pequenos atos heroicos de quem está à frente da obra. É preciso planejar e cumprir tarefas, controlar gastos, lidar com o humor e com as habilidades alheias, contratar e demitir pessoas, tomar decisões, vencer obstáculos, ignorar frustrações para continuar a empreitada. Construir é um ato de profundo aprendizado. Escrever um livro que guie os personagens dessas histórias no percurso de uma obra – sejam leigos ou técnicos – e os leve a um final feliz é um ato louvável. Raras são as iniciativas que nasceram do genuíno interesse em desvendar para o grande público os segredos de uma construção impecável. *Dicas de Projetos, Materiais e Técnicas* o faz de forma clara, didática e bem ilustrada, colocando o assunto ao alcance de todos. Não ignora a necessidade de projetos e o auxílio de profissionais – pelo contrário, ressalta a atuação imprescindível de especialistas que garantam a qualidade dos serviços. Democratizar uma informação que poderia ficar restrita ao universo do saber técnico foi a missão cumprida à risca pelo ex-professor, engenheiro e consultor Jonas Silvestre Medeiros. Sua experiência como engenheiro e professor – além de interlocutor de internautas e amigos no dia a dia – o capacitou a desempenhar a delicada tarefa de traduzir em linguagem simples o complexo saber construtivo brasileiro.

Vera Barrero
Diretora de Redação
Revista Arquitetura & Construção

Foto: Jonas Silvestre Medeiros

COMO SURGIU A IDEIA DO LIVRO

CONSTRUIR é, certamente, uma das atividades organizadas mais antigas que o homem aprendeu a desenvolver. Envolve o atendimento das necessidades básicas e múltiplos aspectos psicológicos, o que desperta na maioria das pessoas algum tipo de interesse sobre o assunto.

Ter um lugar para morar, próprio para se proteger e confortável para desfrutar da vida familiar, talvez seja a maior das aspirações dos seres humanos, em todas as classes sociais e nas mais diferentes sociedades.

Sobre isso, lembro-me bem de que, durante a infância, em minha terra natal, antes da temporada de chuvas e próximo do fim do ano e das festas mais importantes, meu pai providenciava a limpeza geral, o conserto do telhado e a caiação dos muros de nossa casa. A manutenção anual ganhava conotação de bem-estar geral e demonstrava que aquele havia sido um ano bom, com saldo positivo nas finanças da família.

Ainda criança, meu passatempo de moleque curioso era acompanhar o trabalho de pedreiros e pintores em casa. Desandava a fazer perguntas para entender por que algo devia ser feito de determinada maneira.

O hábito de procurar respostas lógicas para tudo era estimulado por meu pai, que via na curiosidade uma qualidade fundamental para uma pessoa ser bem-sucedida. Mais tarde, essas lembranças funcionaram como estímulo para o progresso de minha vida profissional.

A primeira experiência prática ocorreu ainda aos 10 anos de idade, quando resolvi, por conta e risco, construir uma fortificação em miniatura, na qual bonequinhos em escala reduzida representavam os episódios dos seriados em preto e branco da TV. A tal fortificação foi levantada lentamente, com pequenos sarrafos de madeira sobre piso cimentado e depois coberta de telhas e azulejos. Ela tornou-se alvo de visitas dos colegas, que partilhavam comigo as fantasias simples de uma geração sem muitos recursos e acostumada aos enlatados da MGM e da FOX.

Embora a ideia de escrever um livro sobre construção fosse recorrente nos últimos anos, não imaginei, a princípio, destinar a publicação ao público em geral. Minha experiência como professor universitário e consultor de empresas poderia me levar, um dia, de forma natural, a desenvolver um livro técnico sobre minha especialidade. Prevaleceu, porém, a concepção de um livro que tivesse maior alcance e fosse destinado às pessoas interessadas em construir e reformar de modo geral.

Este primeiro livro contém 101 perguntas e respostas, divididas em temas que funcionam como capítulos. O leitor pode, assim, fazer uma leitura sequencial do texto, pois os temas seguem a lógica da ordem construtiva de uma obra convencional; ou, ainda, realizar uma consulta rápida sobre um assunto específico, sem ordem preestabelecida.

O livro não tem a pretensão de ser uma obra de referência técnica e tampouco é dirigido a especialistas do tema. No entanto, mesmo que os assuntos sejam tratados de modo superficial para facilitar o entendimento do leitor, tomei cuidado em manter certa precisão técnica onde julguei necessário.

Meu maior desafio foi escrever sem deixar o texto cansativo. Espero, sinceramente, que esta leitura possa ser realmente útil e servir às pessoas que desejam construir e concretizar seus sonhos.

CAPÍTULO

1

A CONSTRUÇÃO DE EDIFICAÇÕES NO BRASIL

UTILIZA-SE, no Brasil, uma variada combinação de materiais e técnicas de construção. Na construção residencial, os materiais vão desde os mais primitivos, como o barro das casas de taipa e pau a pique, até os modernos vidros laminados e painéis de alumínio das torres comerciais das grandes cidades.

A forma de construir, hoje, ainda está intimamente relacionada às culturas com as quais houve maior contato. Em todo o país, pode-se perceber, também, forte influência dos povos que imigraram para cá e trouxeram suas práticas, introduzindo novas técnicas de construção, como ocorreu com os portugueses no Brasil colônia e depois com os italianos (ver *box*, p. 4) e espanhóis, por exemplo. Esses povos são construtores tradicionais e muito foi aprendido com eles. Essa herança transfor-

mou os brasileiros em importantes consumidores de alvenaria (tijolos e blocos), revestimentos de argamassa, cerâmica e rochas.

Outro ponto-chave que caracteriza essa construção é o uso intensivo de mão de obra. Tempos atrás, as principais atividades eram exercidas por verdadeiros artesãos, e as técnicas, transmitidas de pai para filho. Nas últimas décadas, uma forte e progressiva mudança ocorreu no perfil da mão de obra. De forma simples, pode-se dizer que pedreiros, marceneiros e serralheiros, que aprenderam o ofício de construir com seus pais, em grande parte não mantiveram a tradição de transmitir o ofício para seus filhos, que optaram por profissões com maiores chances de ascensão econômica.

Nos últimos vinte anos, em particular, tem ocorrido uma busca constante de novas tecnologias para atender às necessidades do mercado, marcada principalmente pela introdução de materiais e técnicas de maior produtividade e menor custo. Essas tecnologias encontram espaço à medida que as formas convencionais de produção, de natureza artesanal, deixam de atender adequadamente às novas demandas de construtores e consumidores.

Por outro lado, muito ainda precisa ser feito para minimizar de modo mais consistente as deficiências da construção civil. São as necessidades, e somente elas, que deixarão para trás as técnicas tradicionais que ainda predominam na maioria de nossas obras.

Muita pesquisa ainda é necessária, seja para adaptar tecnologias consagradas em outros países, seja para desenvolver novas técnicas locais. Infelizmente, o Brasil não é um bom exemplo nesse tipo de pesquisa. Além disso, há urgência em con-

Construção antiga de madeira e pedra no litoral do Brasil. (foto: Jonas Silvestre Medeiros)

centrar esforços para a formação de técnicos e mão de obra especializados em construção. Isso pode fazer toda a diferença para se obterem melhores resultados, tanto em termos de qualidade como de produtividade.

Construir bem nos dias de hoje, no Brasil, é uma questão de equacionar de maneira equilibrada os recursos disponíveis, de modo a alcançar os resultados esperados, combinando adequadamente novos e antigos materiais e técnicas de construção.

Construção atual com fachada de painéis cerâmicos e vidro. (foto: Jonas Silvestre Medeiros)

— A FAMÍLIA ITALIANA — — DE DIEGO —

Anos atrás, conheci uma família de origem italiana que retrata bem o que já vem acontecendo há muito tempo entre os descendentes de imigrantes, no Brasil, que dominam o ofício de construir. Diego, guia turístico de uma pousada no interior de Santa Catarina, pretende fazer faculdade de turismo e sair de sua terra natal para se desenvolver profissionalmente.

Ele é neto de italianos. Seu avô faz de tudo: é pedreiro, marceneiro e já construiu várias casas. Seu pai aprendeu o ofício com o avô. Cuida de algumas roças de arroz e fumo e também constrói, tanto para ele como para os outros. Diego também aprendeu a construir paredes de tijolo, madeira e pedra, mas queria ser mesmo é guia de turismo.

Para saber mais, leia: *Imigração Italiana no Estado de São Paulo*, 3ª edição, série Resumos, nº 1, Memorial do Imigrante, São Paulo, 2001.

CAPÍTULO

2

TIPOS DE CONSTRUÇÃO E CONSTRUÇÃO SUSTENTÁVEL

CONSTRUIR de modo sustentável é uma necessidade premente. Nunca foi tão importante observar o aproveitamento adequado dos recursos durante a obra e ao longo do seu uso. Entretanto, ainda há uma distância considerável entre as necessidades e as práticas relacionados ao assunto.

A construção sustentável considera o uso de materiais e de soluções que promovam a preservação de recursos naturais e reduzam o consumo de água e energia ao longo do tempo. Assim, o projeto de uma obra sustentável deve usar com inteligência critérios que permitam usufruir bem da iluminação natural e reduzir o consumo de ar-condicionado, muito embora não haja novidade em relação à importância do assunto. O conceito de ventilação cruzada, por exemplo, é usado há muito tempo em construções antigas, principalmente em regiões de clima quente.

Em regiões com temperaturas extremas é comum encontrar paredes bem espessas na área externa das casas. A imagem da página seguinte mostra o exemplo de construção de uma casa em adobe no Peru. Esse material, preparado próximo ao local da obra, é muito adequado para o clima seco da região.

Por outro lado, deve-se perceber que reduzir o desperdício não significa necessariamente fazer uso somente de processos construtivos alternativos ou utilizar materiais inovadores. A organização do processo de produção, a gestão profissional dos recursos, principalmente da mão de obra, e o investimento em projetos bem detalhados podem fazer toda a diferença para a sustentabilidade.

Em outras palavras, para construir de modo sustentável não basta apenas usar melhor a energia disponível ou aproveitar racionalmente a água ao longo do processo. É necessário organizar melhor a construção, aumentando sua eficiência e desempenho, e gastar menos em todos os sentidos.

Construir paredes usando projetos que evitam o corte ou a quebra dos blocos é comum no Brasil. Este é um exemplo real e interessante de como as empresas aprenderam que o investimento em organização, desde o projeto, é baixo quando comparado aos resultados obtidos na prática.

Uso de blocos de adobe na construção de uma casa no Peru.
Os blocos são feitos com argila local e misturados com palha. (foto: Jonas Silvestre Medeiros)

Ilustração mostrando uma parede com a posição dos blocos de alvenaria e com a passagem de instalações.
(Gentilmente cedida por Inovatec Consultores Associados Ltda.)

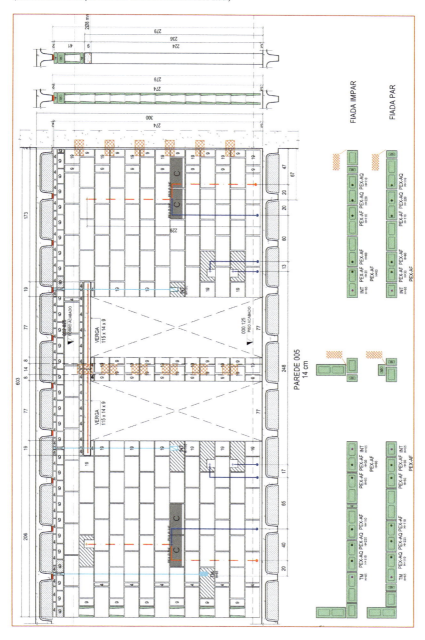

Construção tradicional no Brasil com utilização de concreto armado e alvenaria. (foto: Jonas Silvestre Medeiros)

CAPÍTULO

3

O QUE DEVO SABER ANTES DE COMEÇAR A CONSTRUIR

CONSTRUIR não é resultado somente de arte e habilidade manuais. Também quase nunca foi fruto de uma inspiração ao acaso ou do improviso criativo. Sem dúvida, criatividade e habilidade artística inspiraram construções que denotam aonde o homem pode chegar com sua capacidade de produzir coisas. Quem se propõe a construir, ainda que seja algo simples, percebe rapidamente como técnica e planejamento prévio são fundamentais. Mesmo os grandes mestres no passado assim o fizeram, como constata a história.

Antes de começar a construir, a coisa mais importante a fazer é preparar-se. O projeto é a mais importante de todas as ferramentas e foi por isso que me tornei um projetista.

O projeto não deve ser entendido apenas como um conjunto de desenhos que descrevem como deverão ser as partes da construção. Projetar significa, sobretudo, pensar antes, ou seja, antecipar na imaginação o que deve ser feito. O conjunto de desenhos que integram um projeto nada mais é do que uma ferramenta gráfica para transmitir ideias ou o resultado do que foi imaginado. O desenho é muito utilizado por ser uma forma mais simples de transmitir as ideias que compreendem uma construção, substituindo textos longos com os quais seria difícil esclarecer detalhes com precisão.

Há, logicamente, mais chances de se fazer algo benfeito se houver investimento de tempo para materializar a ideia no papel, pensar em seus detalhes, na sequência da produção e nos materiais que devem ser utilizados.

Por outro lado, sabe-se que nem sempre material de qualidade resulta em serviço adequado. Bom material e boa mão de obra combinados aumentam as chances de sucesso, mas não são sinônimos ou garantia de resultados satisfatórios.

Um projeto benfeito inclui lista de materiais e modo de fazer, orienta o planejamento e a organização da obra. É o pontapé inicial para as coisas funcionarem e, sem ele, a chance de isso acontecer fica invariavelmente reduzida.

Diagrama simplificado das etapas de uma construção residencial tradicional.

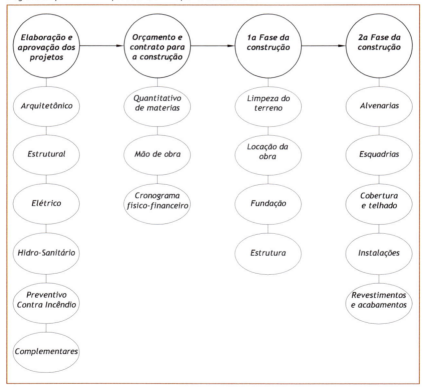

CAPÍTULO

4

PROJETO, PLANEJAMENTO E DESEMPENHO DA CONSTRUÇÃO

DEFINIR as tarefas antes da execução para evitar improvisos que resultem em desperdícios e maus resultados é, sem dúvida, uma das melhores providências quando se pensa em construir.

Para planejar bem, é preciso ter bem definido o que e como será construído, e para isso existe o projeto. Ou seja, bom planejamento depende de bom projeto e, de ambos, o desempenho da obra durante e após sua conclusão.

Ao enxergar que a qualidade final da edificação não depende das qualidades isoladas dos materiais, da mão de obra, do planejamento e do projeto, se reconhece a importância de uma compreensão mais ampla. É o comportamento das diferentes partes da obra e depois dela como um todo que resulta em qualidade e durabilidade a custos compatíveis.

1. ARQUITETO OU ENGENHEIRO

Para a construção de minha nova casa, já contratei um arquiteto. Preciso contratar também um engenheiro civil para projetar a estrutura e outras partes, como fundações e instalações?

Um arquiteto tem atribuição legal para projetar e construir a estrutura de sua residência, incluindo os cálculos necessários para dimensionar os elementos existentes, como fundações, paredes, pilares, vigas, lajes, reservatórios de água e piscinas, entre outros. Na prática, entretanto, a função de projetar estrutura e fundações é comumente exercida pelo engenheiro civil.

As atribuições dos profissionais estão previstas em lei e detalhadas nas resoluções do Confea (Conselho Federal de Engenharia e Agronomia) e do CAU (Conselho de Arquitetura e Urbanismo). Então, há, para o caso de edificações (casas e edifícios em geral), as mesmas possibilidades de atuação para arquitetos e engenheiros civis. No caso de obras como pontes, estradas e aeroportos, somente os engenheiros civis podem se responsabilizar pelas estruturas.

2. CONSTRUÇÃO ECONÔMICA

Pretendo construir minha casa depois de suados dez anos de economias. Andei pesquisando na internet, mas continuo na dúvida sobre qual sistema construtivo utilizar. Será melhor fazer do jeito tradicional?

Na verdade, a solução mais econômica vai depender muito do seu caso.

O projeto de uma residência em uma cidade com arquitetura contemporânea pode demandar materiais e tecnologias construtivas bem diferentes de outra obra no campo ou no litoral. Por exemplo, no interior é provável que a solução mais econômica envolva materiais e mão de obra que estejam mais ao alcance, como tijolos, blocos cerâmicos, ou cimento e cal para produzir argamassa.

Outros aspectos que podem tornar a solução mais interessante são a adequação do projeto existente ao terreno disponível e o estilo de arquitetura, as dimensões dos ambientes, o número de pavimentos e como a edificação será implantada no terreno. Se o terreno for inclinado e o solo exigir uma fundação mais profunda, talvez seja necessário utilizar equipamentos não disponíveis na região em questão e, por isso, o custo poderá onerar a obra significativamente.

Ou seja, não existe uma solução única mais barata aplicável para qualquer caso. É preciso considerar, ainda, que os custos das soluções construtivas se alteram rapidamente em função das condições do mercado no momento da construção. Uma hora os blocos cerâmicos são mais econômicos, outra hora são os de concreto, por exemplo.

Por outro lado, as decisões na hora de construir são, em grande parte, baseadas na cultura e na tradição. Por isso, erguer a estrutura da casa em concreto armado e as paredes em alvenaria é mais comum. Isso tem uma razão de ser: esses materiais podem ser encontrados por toda parte. Optar por soluções alternativas requer mais cuidado no momento da escolha, principalmente porque construir envolve muitos recursos e peculiaridades técnicas que poucos dominam realmente.

Na prática, o que se observa é que é possível ser bastante eficiente ou perdulário utilizando praticamente qualquer material, tratando-se mais de uma questão de projetar bem e de planejar a obra com cuidado do que de optar por um material mais ou menos nobre.

3. CUSTO DO PROJETO

Quanto vale o projeto para construir uma casa nova em relação ao custo total da obra? Posso considerar que o valor do projeto de arquitetura equivale aos demais projetos que vou precisar?

A questão da valorização do projeto é polêmica, pois projetar é uma atividade intrinsecamente intelectual e, como tal, depende não somente das práticas comerciais do mercado local, mas também de parâmetros individuais de cada profissional. Além disso, exercem influência no preço o tipo de obra, o padrão da construção, o nível de detalhamento e o acompanhamento exigido durante a construção. Existem certas obras cujos projetos podem ter seu valor majorado pela grande complexidade e necessidade de maior dedicação e envolvimento de equipes. De modo geral, todavia, seguem-se as recomendações das entidades de classe que estabelecem parâmetros e regras para a valorização dos projetos. Assim, os arquitetos podem seguir as associações de arquitetos reconhecidas em âmbito federal e estadual, e os engenheiros, sua entidade de classe correspondente.

Para o projeto de arquitetura, fundações, estrutura e instalações de residências, os valores percentuais proporcionais ao custo estimado da obra e os parâmetros de entidades de classe geralmente são compatíveis. Os custos, nesses casos, costumam se situar entre 5 e 20% do valor da obra para a elaboração de todos os projetos, sendo que o de arquitetura corresponde a cerca da metade desse total. Portanto, não há como estabelecer uma regra geral, sendo sempre recomendável consultar mais de um profissional.

4. PROJETO DE UMA CASA

Há muito tempo venho colecionando plantas de casas que saem em revistas. Fico estudando as alternativas que mais me agradam e observo que, no caso dos apartamentos, há uma diminuição que não parece ter fim. Quais deveriam ser as medidas ideais para os quartos de adolescente e os demais cômodos, considerando uma família de três pessoas? Existem regras com medidas mínimas que garantam conforto? Nós vamos contratar um arquiteto, mas antes de qualquer coisa gostaria de estar bem informado a respeito.

Na definição da dimensão dos ambientes contam não apenas parâmetros técnicos, mas também variáveis como estilo de vida das pessoas, mobiliário e equipamentos domésticos que se deseja instalar. Como as necessidades mudam ao longo dos anos, as construções acompanham essas tendências.

Os valores mínimos são estabelecidos pelos Códigos de Obras e Edificações das cidades e, necessariamente, precisam ser considerados para a elaboração do projeto. Por força de lei, as prefeituras apenas podem aprovar um determinado projeto se esses parâmetros forem respeitados. Os valores de cada cidade podem ser consultados diretamente no órgão competente da prefeitura. Mas é importante lembrar: sem a aprovação do projeto não se pode começar a obra, pois o alvará de construção não é liberado. Além disso, para utilizar a casa, será necessária a autorização cedida pelo órgão de habitação da prefeitura, confirmando que o imóvel está apto para sua ocupação (o "Habite-se"), que não é liberada caso a construção esteja irregular.

Se a casa for de campo e o terreno não impuser limitações, tudo fica mais fácil. O arquiteto pode definir um plano de necessidades e, a partir daí, deverão surgir alternativas de soluções que atendam os anseios do contratante e de sua família. É justamente nessa fase inicial que a dedicação deve ser maior, exigindo do profissional de confiança soluções para a lista de requisi-

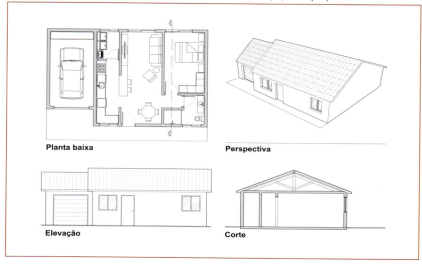

Representação de um projeto de arquitetura, mostrando planta baixa, elevação, corte e perspectiva

DICAS DE PROJETOS, MATERIAIS E TÉCNICAS

tos elaborada em comum acordo. Pelo menos uma das alternativas deve despontar como ótima (mais adequada), considerando custos e benefícios.

Anos atrás, construí uma casa de cerca de 180 m², com três pavimentos, para atender um casal com dois filhos. A proprietária, também arquiteta, projetou um dormitório de 15 m² para o casal e outro de 23 m² para as duas crianças. A sala única tinha 30 m² e a cozinha, 12 m². Essas dependências se revelaram confortáveis e adequadas às necessidades da família até hoje.

5. SEQUÊNCIA CONSTRUTIVA

Comprei recentemente um apartamento que pretendo reformar. Minha ideia é usar piso laminado de madeira, instalar molduras de gesso no teto e refazer a pintura. Em que sequência devo fazer isso para evitar trabalho dobrado?

Com exceção do piso laminado, que pode ser instalado depois, quase todos os tipos de revestimentos e serviços de acabamento devem ser executados antes da pintura.

A aplicação das molduras de gesso, por exemplo, necessita de retoque com o material úmido, e isso pode sujar a pintura e aderir ao piso.

A remoção dos restos de gesso do contrapiso deve ser feita antes da instalação do laminado para não atrapalhar seu nivelamento e, nesse caso, proteger o piso.

6. ISOLAMENTO ACÚSTICO DO PISO

Acredito que meu problema seja o mesmo de muitas outras pessoas. Escuto quase tudo o que acontece no apartamento do andar acima do meu, principalmente o ruído de pessoas andando. Até agora não encontrei uma solução a respeito. Existe algo que eu possa fazer para minimizar o problema?

O problema de isolamento acústico de apartamento provavelmente se deve à pequena espessura da laje de concreto armado existente, que pode ser agravado pela inexistência de contrapiso. O contrapiso é uma camada de argamassa colocada sobre a laje para fins de nivelamento, mas possui também uma função importante no conforto, pois aumenta a espessura final do piso. Ou seja, mesmo que a espessura da laje seja suficiente como estrutura, em geral não é suficiente para garantir o desempenho acústico necessário.

O problema pode ser agravado se a laje for do tipo mista, com vigotas pré-moldadas e lajotas (blocos cerâmicos ou de concreto que ficam entre as vigotas), muito comum em construções residenciais térreas e sobrados.

Ao se movimentarem no apartamento, pessoas e objetos fazem vibrar a laje levemente quando a percutem. Atravessando a camada de concreto, o ruído é transmitido para o ar e depois para o ambiente. Em condições normais, o fenômeno da transmissão do ruído é tanto mais intenso quanto mais fina e leve for a laje.

É possível, sim, atenuar a propagação do ruído, mas existe um problema. Para ser eficaz é necessário intervir do lado onde o ruído é gerado, ou seja, no piso do apartamento do vizinho acima. Há mantas acústicas no mercado capazes de reduzir significativamente a intensidade do ruído, mesmo que o piso esteja revestido com um piso frio, como porcelanato ou rocha. Um especialista pode informar a respeito. Eventualmente, deve-se entrar em contato com o vizinho sobre a possibilidade de uma reforma. É possível instalar mantas especiais sem destruir o piso, colocando outro revestimento sobre o existente.

7. ISOLAMENTO TÉRMICO E ACÚSTICO DAS PAREDES

Pretendo usar tijolinhos cerâmicos para revestir a fachada de minha nova casa. Em função das dimensões dos pilares, vou ser obrigado a construir praticamente duas paredes, sendo a primeira, interna, com tijolos comuns, e a segunda com tijolos aparentes. Em viagem ao exterior, vi que é comum o uso de uma manta de lã mineral entre as duas paredes. Seria uma boa ideia usar aqui também?

Quando são construídas paredes duplas, deixando-se uma cavidade interna, vários aspectos do desempenho da parede são melhorados, principalmente o isolamento térmico. A cavidade central, quando livre e com afastamento entre as duas paredes (pelo menos 5 cm), também evita que a infiltração de água atravesse para a camada mais interna. Nesses casos, deve-se fazer a drenagem e impermeabilização. Na região Sul do Brasil, onde os invernos são mais intensos, pode-se encontrar construções que adotaram essa solução. Nos países de clima frio, onde é comum existir um sistema de aquecimento interno, usa-se muito a lã mineral, pois ela tem a propriedade de evitar a perda de calor, aspecto crítico nessas regiões. No entanto, a contribuição da lã para evitar o aquecimento ou a passagem do calor por convecção (veja *box*, p. 17) de fora para dentro não é relevante.

8. PLANOS PARA UMA PISCINA

Aqui, em nossa casa, todos adoram nadar. Temos vontade de construir uma piscina em concreto e revesti-la com azulejos. Gostaria que fosse boa e durável. Quais materiais devem ser usados?

Para evitar erros grosseiros, é melhor solicitar a elaboração de um projeto e, com base nele, preparar um orçamento. O projeto deve levar em conta o local onde será feita a construção e as necessidades das dimensões e instalações para a piscina.

Se realmente optar pela piscina em concreto (há outras opções, como vinil e fibra, por exemplo), há alguns condicionantes importantes. Essas estruturas geralmente custam mais, mesmo para projetos usuais. Também levam mais tempo para ser construídas e precisam de fundações, impermeabilização e revestimento compatíveis.

É recomendável contratar uma empresa especializada em projetar e construir piscinas. O fornecedor pode oferecer soluções típicas mais econômicas e providenciar desde o projeto até a manutenção.

Hoje em dia, é mais fácil o concreto vir dosado em caminhões e apenas ser lançado no local de uso. A fôrma (veja *box*, p. 18) da piscina pode ser de madeira ou de metal. Podem ser bem reaproveitadas quando moduladas. Tanto o concreto como as fôrmas devem ser especificados por um técnico habilitado a partir do projeto estrutural. Para o *deck* e as bordas, é preciso um revestimento antiderrapante e de fácil manutenção. A piscina deve contar com instalações e acessórios próprios para seu funcionamento. Ilu-

— TRANSMISSÃO DE CALOR — — POR CONVECÇÃO —

Quando o calor passa de um corpo sólido para o ar ou outro fluido, diz-se que ele é transmitido por convecção. A convecção pode ser natural ou forçada. No caso da cavidade de uma parede dupla não ventilada, ela é natural. A convecção é também responsável pelo calor transmitido pelo telhado até a laje ou forro. Quando o calor é transmitido entre dois corpos sólidos, diz-se que ele é transmitido por condução. Nos dois casos, a transferência de temperatura sempre ocorre do ponto de maior temperatura para o de menor temperatura. Há ainda a condução de calor por radiação, que possui formas distintas de manifestação (é o caso do calor do Sol que chega até nós). Para saber mais, leia: http://wiki.sj.ifsc.edu.br/wiki/images/c/c6/Transmissao_de_Calor_em_Edificacoes.pdf.

minação, bombas, filtros, sistemas hidráulicos de abastecimento e limpeza são obrigatórios e devem ser construídos a partir de outro projeto especializado, integrado ao arquitetônico e ao estrutural. Lembrar-se sempre de que improviso, em geral, implica perda de qualidade e custos maiores.

9. ISOLAMENTO ACÚSTICO DO MURO

O que eu poderia fazer para evitar que sons da vizinhança, como gritos de crianças, passem diretamente pela janela do quarto? Será que existe algum tipo de tijolo, bloco ou outro material que pode tornar o muro de minha casa mais isolante ao som?

Sons mais agudos, como o de vozes humanas, que se situam em faixas de frequência de 2.000 a 2.500 Hz, são transmitidos facil-

mente pelo ar e sua onda sonora pode transpor um muro sem dificuldades, mesmo que este seja aumentado.

Em relação ao material do muro em si, a capacidade isolante depende, basicamente, da massa dos materiais empregados na sua construção. Assim, quanto mais denso ele for, maior será sua isolação acústica. Por isso, paredes duplas de tijolos maciços ainda são uma referência para isolamento sonoro.

Por outro lado, é preciso verificar se a parede da residência (no caso, a parede externa do dormitório) tem frestas ou aberturas. Nessas frequências, os ruídos podem atravessar facilmente por aí. Sendo este o caso, pode ser providenciado o revestimento da parede com emboço de argamassa e placa cerâmica, utilizando espessura final de pelo menos 3 cm. O mesmo cuidado deve ser tomado com relação à janela, uma vez que é por ela que o som acaba passando mais facilmente. Existem empresas especializadas em janelas acústicas e alguns modelos são capazes de atenuar significativamente a passagem de ruídos ao ponto de torná-los imperceptíveis.

> ### — FORMA OU FÔRMA —
>
> Sempre que necessário vamos usar aqui o termo fôrma com acento, para diferenciar de forma, a geométrica. Assim, fica mais fácil entender que as fôrmas ou moldes servem para dar forma ao concreto. Elas acomodam as armaduras e somente são retiradas quando o concreto endurece. Podem ser de madeira natural, compensado, aço, alumínio e até de plástico.

10. CONFORTO TÉRMICO DA LAJE

Para reduzir custos, decidi não usar laje na minha casa. O telhado é de madeira com telhas cerâmicas e vou construir um forro de madeira por baixo para o acabamento. Moramos em uma região de muito calor e estou preocupado com o desconforto que isso possa causar. Cheguei a acreditar que a falta de laje deixaria o telhado mais ventilado. Se minha preocupação faz sentido, o que eu poderia fazer para resolver o problema?

Sem a laje, a cobertura perde uma contribuição importante para o isolamento térmico da casa. Por ser um material denso (1 metro cúbico pesa cerca de 2,5 toneladas), o concreto armado apresenta resistência à passagem do calor e, no caso em questão, somente as telhas cumpririam esse papel. Um forro simples de madeira contribuirá muito pouco e nos dias mais quentes, dependendo de outros fatores como circulação do ar e pé-direito, não será suficiente para promover conforto nessa condição.

O uso da laje de concreto plano e do telhado com estrutura de madeira e telhas cerâmicas é a solução mais comum encontrada para residências no Brasil. Nesse caso, passa a existir um espaço vazio entre a laje e o telhado que, bem ventilado, contribui muito para o conforto da cobertura. Muitas vezes, para reduzir custos, a laje de concreto fica inclinada e eliminam-se a tesoura de madeira e as terças (ver *box* ao lado).

A solução mais eficiente e econômica para a cobertura passa pela ventilação cruzada do espaço entre a laje e o telhado – ou, no caso de não existir laje, pela ventilação da parte mais alta das paredes.

A ventilação cruzada é capaz de renovar o ar quente, que ficará sob o telhado ou na parte mais alta do ambiente. Em climas quentes, seu uso é muito comum e deveria ser viabilizado sempre que possível.

No caso em questão, um recurso que pode colaborar é a subcobertura. Pode ser providenciada a instalação de uma subcobertura do tipo *foil* de alumínio. Essa lâmina é fixada logo

---

— TESOURA —

Designa uma treliça plana que serve de apoio para as terças do telhado, normalmente formada de vigas verticais (pontaletes), uma viga horizontal (tirante ou tensor) na base e vigas inclinadas chamadas de empenas (mais compridas) e mão-francesa.

— TERÇA —

Viga de madeira que se apoia sobre as tesouras, que recebem os caibros, os quais, por sua vez, recebem as ripas e telhas.

embaixo das telhas, deixando-se um espaço de ar entre ela e o telhado propriamente dito. Para lâminas híbridas, compostas por mais de um material, a face aluminizada deve ficar voltada para baixo, evitando, assim, sujeira nessa parte e a consequente perda de eficiência.

Ventilação entre laje de concreto e telhado com estrutura de madeira e telhas cerâmicas.

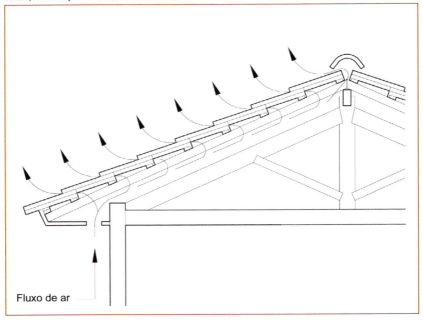

Fluxo de ar

CAPÍTULO

5

ESTRUTURAS E FUNDAÇÕES: ITENS DE SEGURANÇA

Todas as partes de uma residência, quando não são bem projetadas e construídas, podem apresentar problemas que comprometem sua habitabilidade. Estruturas e fundações com problemas comprometem a segurança e geram risco direto aos seus moradores. O projeto e a execução nunca dispensam um responsável técnico habilitado e não são admitidos improvisos. A fundação é responsável por transmitir as cargas da estrutura para o terreno, de maneira a acomodá-las sem ocasionar movimentações ou fissuras em outras partes da construção. A estrutura acima da fundação deve ser capaz de receber as cargas da construção com segurança e, por sua vez, encaminhá-las à fundação. Estrutura e fundações de residências devem ser duráveis e compatíveis com os materiais de vedação e acabamento. Elas

podem ser de concreto, aço, alvenaria, madeira e mistas. No Brasil, as estruturas mais usadas são as reticulares de concreto armado, constituídas de pilares, vigas e lajes.

11. TIPOS DE FUNDAÇÃO

Encomendei uma sondagem por indicação de um amigo engenheiro. A análise indicou que o solo é argiloso e esse material forma uma camada profunda. Que fundação é mais vantajosa para quem quer construir um sobrado?

Para saber a fundação mais adequada, é necessário obter outros dados. A sondagem deve mostrar outras informações básicas para a escolha de qualquer fundação, como a resistência do solo e a presença de água. A sonda utilizada na penetração do solo determina a resistência a sua penetração de uma forma padronizada, e é em função dessa resistência que se determina a resistência da fundação e a melhor maneira de transferir as cargas ao solo. A conclusão é obtida pela comparação da resistência do solo com o carregamento da edificação.

Os solos argilosos podem ter comportamentos muito diferentes. Às vezes, são bem duros e, outras vezes, moles. Mas a grande particularidade é que eles sofrem sensível alteração na presença de água.

Com a argila mais dura é possível usar as fundações chamadas de rasas, como sapatas e *radier*. No caso de argila mais mole, podem ser usadas fundações mais profundas, como estacas e tubulões.

Fundação é um assunto sério que envolve responsabilidade e segurança e, por isso, é preciso que um engenheiro faça um projeto adequado, mesmo em construções de pequeno porte.

12. NA PRESENÇA DE ÁGUA

Moro em uma casa que sofre sempre com as chuvas, porque a implantação foi feita abaixo do nível da rua em uma região de praia. Depois de muitos anos de problemas, elevei o nível do piso do térreo, mas a umidade continua. O que posso fazer para resolver o problema?

Poucas medidas são realmente eficazes depois que a construção está pronta e habitada.

O uso de impermeabilizantes na parte interna é pouco eficiente e,

Tipos comuns de fundação utilizados para edificações de pequeno porte.

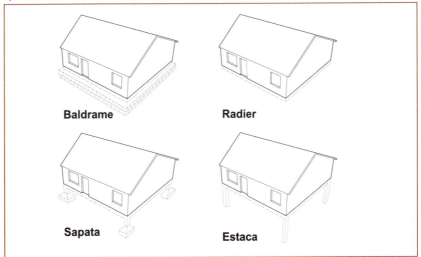

mesmo externamente, é difícil acessar todas as partes enterradas para criar uma barreira contra a passagem da água.

A melhor maneira é tentar evitar que a aproximação da água cause grandes estragos e, para isso, a solução mais adequada é a instalação de uma rede de drenagem periférica. Trata-se de uma rede de tubos perfurados, próprios para captar a água e transferi-la para uma canaleta ou rede de águas pluviais.

Se a rede for instalada corretamente, o resultado será o rebaixamento do nível da água na região da casa toda vez que ela subir, o que é muito comum em terrenos litorâneos.

Os tubos da rede devem ficar dentro de uma camada de brita (rocha granítica britada) e esta, por sua vez, envolta com um geotêxtil para evitar a entrada de grãos finos do solo e entupimento. O geotêxtil é uma espécie de manta sintética que não estraga nessas condições e deixa a água passar, funcionando como um filtro. A água procura o caminho mais fácil, que, neste caso, é a camada de brita. No fundo da camada, a rede de drenagem transporta a água por meio da gravidade, uma vez que é inclinada.

Um técnico especializado deve avaliar as condições do local e pro-

jetar a obra, que exige escavações e cuidados.

13. PAREDE DE CONTENÇÃO

Para conseguir implantar minha casa em um terreno inclinado, precisei fazer um corte vertical. As obras de fundação já tiveram início e, por esse motivo, estou preocupado. Gostaria de saber se é necessário construir uma parede de contenção.

Se não for possível executar o corte do solo formando o que se chama de talude natural, é necessário fazer a contenção para evitar que ele se solte com o tempo.

Todo solo apresenta características que determinam a partir de que inclinação pode existir risco de deslizamento, principalmente na presença de água. A inclinação que mantém o solo estável, mesmo nessas condições, é chamada talude natural.

Terrenos rochosos permitem cortes mais íngremes e somente rocha, sem alterações que prejudiquem sua resistência (chamada rocha sã), pode ser cortada na vertical.

Para manter o solo cortado e estável, são utilizadas contenções executadas previamente ou à medida que o corte é feito.

A parede de contenção pode ser construída de diversas formas e isso depende de fatores como o tipo de solo, as cargas que podem solicitar o terreno acima do talude (como o tráfego de veículos ou outra construção) e a presença de água.

Em contenções, em que se cravam os perfis metálicos no terreno, a proteção do talude é feita com pranchas, normalmente de madeira, concreto pré-moldado, ou concreto moldado no local. Nesse caso, a escavação do solo pode ser vertical e executada logo após a construção da cortina.

Em construções residenciais, normalmente, a escavação é executada em talude, constrói-se a parede ou muro de contenção e depois se aterra no espaço entre o terreno cortado e a parede. A solução mais comum para esse caso é parede ou muro de concreto armado, blocos de rocha ou alvenaria armada. O muro de bloco de rocha é também chamado de muro de gravidade, pois é o seu peso que contém o terreno ao lado. Em todos os casos, é necessário projetar fundações próprias para cada tipo de muro.

14. ARRIMO DE 10 METROS

Vou ter que fazer um muro de arrimo de 10 metros de comprimento por 10 metros de altura e necessito de informações sobre a fundação desse muro, o tipo de ferragem e os blocos que devo utilizar. Como calcular a quantidade de materiais?

Em primeiro lugar, não é prudente iniciar a execução sem o auxílio de um engenheiro civil. Ele vai calcular, dimensionar e detalhar a estrutura, de modo que não ocorram problemas durante a obra e no futuro. Esse muro, por si só, é uma bela obra de engenharia. Devem ser considerados, ainda, fatores como o vento, eventuais empuxos do solo e água presente no terreno, cargas ocasionadas pelo tráfego de veículos próximos, entre outros esforços. Muitas vezes, uma estrutura assim pode ser mantida por outras mais rígidas próximas, de modo que permaneça estável e segura. Outras vezes, podem-se utilizar cabos ou barras de aço (tirantes) para ancorar o muro no maciço.

A fundação também serve para equilibrar o muro e precisa ser adequada ao solo existente no local. Sem analisar as reais condições, não é possível determinar uma solução correta.

O muro pode ser construído com blocos estruturais e receber uma série de reforços para suportar as tais cargas. Em função disso, pode-se usar um muro duplo ou até uma configuração mais elaborada de modo que ele resista bem e não se movimente ou apresente fissuras e trincas. Por outro lado, dependendo da situação existente no local, talvez seja mais interessante uma solução em concreto armado.

O assunto exige cuidados, consulta às normas técnicas, e não considerar algum aspecto importante pode levar a acidentes. Somente com um projeto em mãos é possível determinar o tipo e a quantidade do material a ser usado, bem como as condições para contratar a execução da obra.

15. TIPOS DE ESTRUTURA

Qual o melhor tipo de estrutura para uma casa térrea, considerando custo, mão de obra e durabilidade?

Não existe uma solução ideal aplicável a vários casos. Toda solução construtiva tem vantagens e limitações que variam em função das condições de uso e época da construção.

Os costumes e tradições também influenciam. As estruturas de concreto armado, por exemplo, são usuais não por mera coincidência, mas porque oferecem vantagens como materiais, mão de obra e preços relativamente acessíveis.

Certas formas de construção tornam-se tão comuns e tradicionais que passam a fazer parte da cultura de um povo. Construir casas com madeira é um costume típico dos Estados Unidos. Já os ingleses gostam muito dos tijolos aparentes. Entretanto, tais hábitos, às vezes, impedem que soluções mais interessantes sejam incorporadas a determinados projetos.

Estrutura de concreto armado com pilares, vigas e lajes moldadas no local. (foto: Jonas Silvestre Medeiros)

Experiência e prática mostram que o projeto e, consequentemente, a construção inteligente combinam os materiais, empregando-os para sua melhor utilização. Usando os critérios da questão mencionada, segue um resumo comparativo:

A) Custo – está muito associado à solução apresentada no projeto. Vãos menores com ausência de balanços e paredes contíguas de um andar para outro facilitam a construção de sobrados com alvenaria estrutural, por exemplo.

Vãos maiores, arranjos flexíveis de ambientes e varandas em balanços ajustam-se melhor às estruturas de concreto ou metálicas, com pilares, vigas e lajes. Formas curvas e orgânicas são típicas do concreto armado.

A utilização da madeira, por sua vez, é bem regional e estimulada pela disponibilidade de fornecedores de sistemas construtivos ou de *kits* para construção de casas.

A obra pode ser mais racional e o custo reduzido se os materiais forem utilizados em seu potencial. Por exemplo: lajes de concreto armado são simples e resolvem muito bem nos casos de pisos entre níveis. Vigas de aço vencem os vãos maiores sem dificuldade e são ótimas em escadas, pela facilidade de unir partes com solda. Estruturas de madeira são compatíveis com telhados e varandas, além de proporcionar acabamento aparente de forte apelo estético.

O custo também está associado à velocidade de execução e prazos. Projetos complexos podem implicar maior prazo, e aos prazos longos envolvem mobilização de recursos por mais tempo.

B) Mão de obra – em qualquer lugar do Brasil é possível encontrar disponibilidade para construção em concreto e alvenaria.

A alvenaria leva vantagem, principalmente, porque exige apenas pedreiros para sua execução. Por outro lado, para construir estrutura de concreto ou metálica é necessário dispor de carpinteiros para as fôrmas, armadores para lidar com o aço e pedreiros para os serviços de concretagem.

Em regiões com maior tradição no uso de madeira, há mais disponibilidade de mão de obra, por exemplo.

C) Durabilidade e manutenção – esses dois critérios são indissociáveis. A duração de qualquer material depende sempre do cuidado no uso e da manutenção feita ao longo de sua vida útil. Isso é particularmente claro no caso das estruturas de aço e madeira.

No caso do concreto armado, os critérios mudam se os elementos forem aparentes ou revestidos. Pilares, vigas e lajes aparentes requerem mais cuidados ao serem projetados e construídos. O ponto crítico é a corrosão à qual o aço presente em seu interior está sujeito.

As estruturas de alvenaria são as mais simples de todas em relação à manutenção se os cuidados básicos forem tomados.

De maneira similar, as estruturas de madeira exigem cuidados constantes, pois são mais suscetíveis à umidade e ao ataque de organismos vivos.

Madeira e aço também precisam de cuidados especiais no que diz respeito à proteção ao fogo.

Deve-se ter em mente que várias outras propriedades precisam ser consideradas na seleção de técnica de materiais para compor uma estrutura, e esta é uma etapa a ser desenvolvida com os devidos cuidados durante a elaboração do projeto, por isso a ajuda profissional é fundamental para uma decisão correta.

16. A FAMÍLIA AUMENTOU. COMO CONSTRUIR MAIS UM ANDAR?

Minha família aumentou com a chegada de mais um filho. Não há mais área para crescer no térreo e estou planejando fazer um pavimento superior em nossa casa. O problema é

que não há pilares e vigas de concreto. Como posso resolver isso?

Paredes podem ser apoiadas sobre paredes desde que sejam construídas para isso. Mas paredes com resistência apenas para fazer a vedação de vãos não devem ser usadas como estrutura. Por esse motivo, sua casa vai precisar ser reforçada com uma estrutura própria, metálica ou de concreto, para resistir às novas cargas do pavimento extra.

É importante lembrar que, em construções novas e projetadas de modo adequado, é possível encontrar estrutura apenas de alvenaria para suportar as cargas das lajes. No seu caso, consulte um profissional habilitado.

17. RACHADURAS CAUSADAS POR OBRAS DOS VIZINHOS

A construção de um pequeno prédio no terreno ao lado está provocando rachaduras em nossa casa. Durante a demolição das paredes que existiam no local, os efeitos já foram sentidos. Há regiões em que as rachaduras são maiores, com a espessura de um dedo entre a porta e o azulejo da cozinha. Ainda vão escavar para fazer as fundações e estou com receio de que a nossa casa (um sobrado) corra o risco de desabar, pois acredito que sua estrutura seja frágil. É preciso chamar um engenheiro?

Geralmente, a execução da fundação com o uso de bate-estaca é comum nesses casos para cravar perfis metálicos ou estacas de concreto de modo a manter estáveis a obra e o seu terreno. O surgimento de rachaduras (fissuras ou trincas) pode significar que algo não vai bem. O bate-estaca provoca vibrações, mas que não costumam causar sérios danos.

Pela situação descrita, talvez haja uma ligação entre as paredes do sobrado e as paredes que foram removidas do imóvel vizinho para dar lugar ao prédio. Isso é comum em construções geminadas e, se não forem tomados os devidos cuidados, o problema pode mesmo se agravar. Um engenheiro civil deve avaliar o local e orientar quanto às eventuais medidas a serem tomadas, principalmente com relação à segurança estrutural. Na verdade, o mais recomendável é a condução de uma vistoria prévia para avaliar as condições de paredes, lajes e pisos. Nessa vistoria, o estado da edificação é registrado por meio de fotografias, facilitando, assim, a correta avaliação de um eventual dano.

Em casos extremos, é possível até mesmo providenciar reforços para prevenir acidentes. Deve-se procurar com urgência o responsável pela obra para mostrar os problemas causados e tentar uma solução amigável.

Em caso de dúvida sobre a avaliação, outro engenheiro pode ser contratado para fazer a análise e acertar uma solução com o técnico da obra vizinha. Também há a possibilidade de se recorrer ao setor de obras da prefeitura local para verificar a regularidade da construção e solicitar a presença de um fiscal, ou, ainda, fazer uma denúncia ao Crea, conselho que fiscaliza o exercício da engenharia e concede o documento sobre a responsabilidade das construções.

18. MARESIA NAS ESTRUTURAS

Quais as medidas de maior importância para minimizar as ações da maresia sobre as estruturas de concreto nas diferentes fases de desenvolvimento de um edifício e/ou residência?

De fato, as estruturas de concreto podem ser seriamente afetadas pela maresia, que contém sais (cloretos) e umidade, elementos críticos para deteriorar uma estruturas, causando, sobretudo, corrosão em sua armadura de aço.

A melhor maneira de resolver o problema é tomar medidas preventivas ainda na fase de projeto. É nessa fase que são definidos os aspectos essenciais para a durabilidade da estrutura, como as características do concreto que protege o aço contra corrosão, as espessuras de recobrimento (camada de concreto entre a barra de aço e a superfície), as técnicas de execução e os cuidados de manutenção.

A qualidade do concreto é essencial para prolongar a vida útil de uma estrutura. Ela depende de uma dosagem benfeita, que permita combinar adequadamente os materiais, de modo a atender o que foi especificado.

A qualidade do concreto também depende muito do modo como ele é aplicado na prática. As fôrmas precisam ser estanques para evitar fuga de material durante a concretagem. Aliás, todas as operações de concretagem merecem cuidado particular. O concreto precisa ser adequadamente misturado, transportado, lançado dentro das fôrmas e adensado de modo a ficar com sua porosidade reduzida, evitando a entrada dos agentes agressivos.

Os cuidados com a chamada "cura" do concreto (cuidados que permitem um correto endurecimento, mantendo condições ideais de umidade) também são fundamentais.

19. CASAS COM BLOCOS ESTRUTURAIS

Estou pensando seriamente em fazer o projeto de minha casa com blocos cerâmicos, que podem dispensar vigas e pilares de concreto armado. Existe algum risco nesse tipo de obra?

Pode causar estranheza construir sem pilares e vigas de concreto armado, mas, tecnicamente, isso é perfeitamente possível. O concreto armado é um material relativamente novo quando comparado à alvenaria de tijolos e pedras, e existem muitos exemplos de construções assim.

Uma vez bem projetada, a construção em alvenaria pode se tornar mais econômica do que outra disponível. As principais vantagens ficam por conta da própria facilidade construtiva de se elevar estrutura e vedação vertical (paredes) de uma só vez e com apenas um tipo de material. Além disso, a alvenaria em si é um material muito simples, que requer na maior parte das paredes apenas blocos e argamassa.

Contudo, construir com alvenaria estrutural, seja com blocos de concreto ou cerâmicos, é diferente de construir com alvenaria convencional, que tem apenas a função de vedar vãos.

A alvenaria construída com blocos estruturais pode, ainda, incorporar reforços com aço para resistir a esforços laterais como o vento e outras solicitações comuns nos projetos. Os vazados também são usados para passagem de boa parte das instalações, principalmente de eletrodutos da rede elétrica.

Aliando a boa precisão geométrica desses blocos com qualidade de execução, pode-se reduzir o desperdício de materiais e economizar principalmente com os revestimentos.

Vale lembrar que a alvenaria, nesses casos, requer a mesma atenção que qualquer outro tipo de estrutura, no que concerne ao projeto e à responsabilidade.

20. CUSTO DA ESTRUTURA

Vamos construir uma pequena casa térrea e estamos pensando em utilizar perfis metálicos para evitar pilares de concreto. O fechamento seria em alvenaria de tijolos. Será que essa solução é mais econômica?

É mais provável que a melhor solução para esse caso seja mesmo construir a casa com alvenaria estrutural, principalmente se existir nas proximidades um fabricante de blocos que atenda às normas técnicas vigentes.

Construção de uma casa com blocos cerâmicos estruturais. (foto: Jonas Silvestre Medeiros)

Sendo a casa pequena e térrea, o uso de paredes de blocos também facilita o uso de fundações mais simples.

Por outro lado, a estrutura da casa é mais rapidamente erguida se feita em aço, mas será necessário vedar os vãos com as paredes.

Ao executar o revestimento, é preciso cuidado com os encontros entre as paredes e os perfis. Como a dilatação do aço é diferente da das paredes, é comum ocorrerem fissuras nos encontros, se não foram previstos reforços ou juntas adequados. Não esquecer, também, da proteção contra a corrosão das partes metálicas. Não se podem dispensar, em qualquer caso, a elaboração de um projeto, um responsável técnico e uma mão de obra especializada.

Foto: Jonas Silvestre Medeiros

CAPÍTULO

6

PAREDES E DIVISÓRIAS: COMPARTIMENTAÇÃO FUNCIONAL

As paredes de alvenaria de blocos e tijolos revestidos com argamassa são os tipos mais comuns de vedações e divisórias utilizados. Porém, nos últimos anos vem crescendo o uso de divisórias de gesso acartonado, mais conhecidas como *dry wall* (parede seca, em inglês). Estas são montadas, enquanto as paredes tradicionais são construídas de argamassa à base de cimento e água, e precisam de tempo para secar, endurecer e adquirir resistência.

As paredes devem ser concebidas para receber revestimentos previamente definidos, pois isso influencia em seu desempenho final. Mesmo sem função estrutural, elas têm papel central no encaminhamento da obra, pois fazem a transição entre a estrutura e as outras partes, como esquadrias, instalações e revestimentos. São as paredes revestidas as principais responsáveis pelo conforto das habitações brasileiras, juntamente com as coberturas e os telhados.

21. ALVENARIA OU *DRY WALL*

Que vantagens as paredes de *dry wall* têm sobre as convencionais de alvenaria? Elas são confiáveis?

O uso de divisória de gesso acartonado traz consigo o conceito de montagem a seco. São soluções construtivas consagradas em vários países onde a construção avançou mais no sentido da industrialização.

No Brasil, o *dry wall* ainda não é tão disseminado e, em muitas regiões, onde o uso de alvenaria é tradicional, há resistência.

Há diversos tipos de divisórias e elas podem ser escolhidas em função das exigências de uso. Em áreas úmidas e em locais com necessidade de melhor vedação acústica são usa-

33

das divisórias com características especiais.

Como são constituídas de uma estrutura interna de perfis de aço e chapas exteriores, as divisórias formam um vazio que permite a passagem de instalações elétricas e hidráulicas. Essa vantagem se torna uma limitação quando há necessidade de fixar objetos um pouco mais pesados. Nesses casos, é necessário prever reforços localizados, impedindo alterações fáceis de local.

Como é oco e tem chapas de gesso relativamente finas do lado externo, o *dry wall* emite um som diferente das paredes de alvenaria, quando percutido.

Por outro lado, as divisórias de gesso acartonado podem ter menor espessura que paredes revestidas de alvenaria. Isso proporciona aumento da área livre nos ambientes, por exemplo.

22. MATERIAIS PARA VEDAÇÃO

Quais os tipos de blocos disponíveis para construir paredes de alvenaria? O que são blocos de concreto celular?

Os dois tipos mais conhecidos são os blocos cerâmicos e os de concreto. Existem ainda blocos silico-calcários, blocos de concreto celular, blocos de gesso e blocos de vidro.

Os blocos cerâmicos podem ter furos na horizontal e ser vazados na vertical, considerando-se a posição como são usados. Os blocos com furos horizontais são empregados apenas em paredes de vedação, enquanto os blocos com vazados verticais também podem ser usados em paredes estruturais.

Os blocos de concreto têm vazados verticais e, assim como os cerâmicos, podem compor paredes de vedação ou estruturais, dependendo de suas características e resistência.

Há uma tendência crescente de uso dos blocos vazados pela busca da racionalização da construção, uma vez que eles proporcionam maior produtividade na execução e exigem menor quantidade de argamassa para serem assentados.

A maioria dos blocos usados hoje tem comprimento nominal (incluindo a junta vertical de 1 cm de argamassa) de 40 cm e larguras nominais de 10, 15 e 20 cm. A altura nominal, de acordo com a norma técnica vigente, é de 20 cm.

Os blocos de concreto celular não têm vazados como os cerâmicos e de concreto, mas mesmo assim são mais leves em termos relativos e por isso fabricados em dimensões maiores.

A composição e fabricação desses blocos faz com que eles tenham pequenos vazios esféricos, daí o nome celular.

Todos os blocos apresentam vantagens e limitações quando comparados uns com os outros e cada um requer cuidados específicos para seu emprego adequado.

Lembre-se de que a qualidade de uma alvenaria não depende apenas do bloco, por isso é possível construir paredes de bom desempenho com a maioria deles. Antes de escolher, é importante dar atenção a aspectos como o tipo de argamassa, os detalhes construtivos e as técnicas de execução mais adequadas a cada um.

23. TIJOLO OU BLOCO

Estou na dúvida se uso tijolo ou bloco. Na minha região, os dois são comuns. Vou construir uma casa de dois pavimentos com estrutura de concreto armado e estou preocupado com as questões térmica e acústica.

Essa escolha deve ser conduzida ainda na fase de projeto, pois existem outras implicações que merecem atenção.

Se forem comparadas paredes de mesma espessura, é certo que o tijolo (prensado e maciço) leva boa vantagem nos quesitos isolamento térmico e acústico em relação ao bloco cerâmico comum (assentado com furo na horizontal).

Por outro lado, o uso de tijolos prensados implica uma construção de alvenaria mais lenta e de maior custo. Os blocos rendem mais em todos os sentidos.

Apesar disso, a parede de tijolo pode ser construída para ficar

Tipos de blocos utilizados no Brasil.

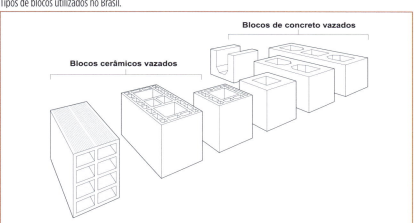

PAREDES E DIVISÓRIAS: COMPARTIMENTAÇÃO FUNCIONAL | 35

aparente, sem revestimento, o que requer maior espessura para deter a umidade. Nesse caso, não se recomenda espessura da parede menor que o comprimento do tijolo. Quando a parede tem espessura igual ao comprimento de um tijolo, é denominada "1 vez". Quando equivale à largura (ou metade do tijolo), é chamada de "1/2 vez".

Fique atento para que os blocos ou tijolos utilizados atendam às normas em vigor. Quando mal produzidos, podem apresentar problemas de durabilidade. Uma vez mal queimados, por exemplo, podem sofrer expansão interna e deterioração gradual na presença de umidade.

A escolha de blocos ou tijolos define ainda a largura dos batentes das portas, devendo-se considerar também as espessuras dos revestimentos a serem usados. A largura deve ser igual à espessura da parede (largura do bloco) somada às espessuras dos revestimentos a serem usados em ambos os lados. Com isso, as guarnições ou alizares (arremate entre o batente e o revestimento que cobre o encontro dos dois) podem ser fixados de modo satisfatório.

Existem outros detalhes que também contam, como as subidas da impermeabilização e a fixação de rodapés no revestimento do piso. Blocos com furos e paredes finas dificul-

tam a fixação das buchas. Nas áreas frias impermeabilizadas, é recomendável a redução da espessura das paredes, para facilitar o embutimento das subidas de mantas e membranas.

Deve-se conversar a respeito com o responsável pelo projeto da obra e solicitar esclarecimentos e detalhes nesse sentido. Pensando antes, constrói-se melhor, e improvisos são evitados.

24. BLOCOS DE VIDRO

Como devem ser assentados os blocos de vidro?

Como os blocos de vidro são assentados com junta a prumo (alinhadas na vertical), é necessário cuidar primeiro para que a parede fique estável.

A parede não deve ser muito longa ou alta sem que sejam usados apoios laterais e superiores para evitar seu deslocamento. Paredes com extremidades livres ou soltas na parte superior são mais delicadas e devem ser aplicados outros recursos, como armação de aço dentro das juntas de assentamento, por exemplo.

Para assentar os blocos é preferível utilizar argamassas industrializadas comercializadas especificamente para essa finalidade. Essas argamassas possuem aditivos especiais, que ajudam a unir os blocos entre si. Outra dica importante é usar espaçadores de plástico próprios para manter os blocos bem alinhados na posição até o endurecimento da argamassa. Há fabricantes que disponibilizam esses acessórios.

Se a divisória de blocos de vidro for construída sobre um piso já existente, deve-se prepará-lo para receber a primeira fiada, de modo que fique bem aderida.

25. ACABAMENTO DA PAREDE

Minha casa está ficando pronta e estou satisfeito com o resultado obtido com os blocos estruturais. Como a alvenaria da fachada ficou bem regular, estou pensando apenas em pintar, sem fazer chapisco e emboço. O que uso para não deixar as marcas dos blocos e garantir que a água da chuva não entre?

Uma das vantagens de construir com alvenaria é a possibilidade de reduzir as espessuras dos revestimentos; no entanto, há um limite. A norma técnica vigente no Brasil exige que os revestimentos convencionais de argamassa que servem de base para pintura tenham uma espessura mínima de 2,5 cm. Isso tem a ver com a estanqueidade (capacidade de impedir a entrada de umidade ou água sob determinadas condições) da parede e também com o surgimento de manchas, que podem revelar blocos e juntas posteriormente.

Mesmo internamente é preciso ter cuidado. Em regiões com umidade do ar elevada, a pintura pode manchar também, dependendo do revestimento de argamassa utilizado. Considere que para a aplicação de um revestimento em camada fina, seja de gesso ou de argamassa, a espessura não deve ser inferior a 1 cm para utilizá-lo como base para aplicação de massa corrida e pintura.

Outro ponto a considerar: revestimentos muito finos podem fissurar mais facilmente, enquanto os espessos têm condição melhor de acomodar microfissuras.

Em outros países, é muito comum ver paredes de blocos aparentes, mas isso quase sempre ocorre no caso de paredes duplas com cavidade central, destinada a garantir a impermeabilidade e melhorar o conforto termoacústico da edificação.

O uso apenas de tintas, vernizes ou impermeabilizantes à base de silicone pode proteger a parede por um tempo, mas nenhuma dessas soluções mantém a parede estanque durante muito tempo. Qualquer microfissura pode abrir um pouco mais e deixar a água penetrar com facilidade.

26. PAREDES ENTRE SOBRADOS GEMINADOS

O que posso fazer para reduzir a passagem dos ruídos entre duas casas geminadas?

As questões relacionadas ao conforto térmico e acústico são, em geral, mais bem resolvidas na fase de projeto da construção, pois, depois que a obra está finalizada e em funcionamento, as intervenções são mais caras e complicadas.

Mesmo materiais convencionais como tijolos podem ser usados com eficiência para garantir bons resultados. Uma parede de maior espessura poderia ser suficiente.

Podem-se obter bons resultados com a construção de outra parede na frente da existente, mas com a desvantagem de reduzir a área útil dos ambientes contíguos.

Podem-se utilizar também revestimentos mais espessos e de densidade elevada, como os tijolos aparentes. Estes podem substituir o gesso, por exemplo, que por ser um material de espessura mais fina e que diminui a vedação contra o som.

Em relação ao teto logo acima da parede divisória, caso exista apenas forro e não laje de concreto, o som pode se propagar mais por ali do que através da parede. Nesse caso, uma reforma para substituir o forro existente por forros acústicos com capacidade de amortecer as ondas sonoras dos ruídos deve ser considerada.

O tipo de revestimento existente em ambos os lados, na superfície da parede, também influencia na medida em que as ondas sonoras possam ser mais refletidas ou não. Quanto mais ondas sonoras forem refletidas, menos ondas tendem a passar pela parede. O arquiteto ou o engenheiro podem indicar a aplicação de produtos para essa finalidade.

27. GESSO ACARTONADO

Que cuidados devo tomar para construir paredes com gesso acartonado?

As divisórias de painéis de gesso acartonado ou *dry wall* são usadas para a vedação de vãos e também podem receber revestimentos, mas aspectos importantes devem ser considerados. Nas áreas que podem receber umidade, como banheiros e cozinhas, devem ser previstos painéis especiais para essa finalidade.

Entre ambientes que requerem maior conforto acústico, são empregados isolantes próprios no vazio entre as divisórias. Pode-se utilizar, ainda, mais de um painel de cada lado para melhorar o desempenho.

Diferentes das paredes convencionais de alvenaria, nas quais o material e a mão de obra são contratados de forma separada, as divisórias de gesso são entregues montadas por um único fornecedor, normalmente credenciado pelo fabricante

38 | DICAS DE PROJETOS, MATERIAIS E TÉCNICAS

do painel de gesso, o que facilita a organização da obra.

A montagem das divisórias, por outro lado, exige que sejam definidos e instalados previamente eletrodutos para a passagem de fios, rede hidrossanitária e eventual suporte para objetos mais pesados que serão posteriormente fixados quando o imóvel for ocupado.

Para a estrutura, são empregados perfis de chapa de aço galvanizada, primeiramente fixados no piso e no teto e, depois, montantes verticais espaçados regularmente e nas aberturas existentes. Os perfis que formam a estrutura das divisórias servem para a fixação dos painéis de gesso através de parafusos.

Há, ainda, outros detalhes que precisam ser alterados para a utilização dessas divisórias. É preferível, por exemplo, impermeabilizar os boxes e banheiros com materiais que exijam pequena espessura e dispensem proteção, para que não sejam necessários rebaixos nos rodapés das paredes, e os revestimentos possam ser aplicados diretamente sobre eles.

28. EMBUTIMENTO DE ELETRODUTOS

Estou construindo minha casa e já comecei a pintar parte das paredes. Nos locais onde embuti os eletrodutos, estão surgindo pequenas trincas. O que devo fazer para que isso não aconteça no restante da pintura?

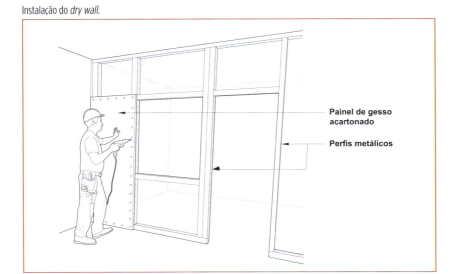

Instalação do *dry wall*.

Se as paredes foram cortadas para embutir os eletrodutos, criou-se uma região enfraquecida que pode apresentar problemas. Essas trincas também podem ser ocasionadas pela secagem – chamada retração hidráulica – da argamassa utilizada para fechar os rasgos.

Dependendo do tipo e espessura do revestimento empregado nessas paredes, as fissuras podem ressurgir com facilidade após uma nova pintura.

Uma alternativa para evitar esses rasgos é passar os eletrodutos por dentro dos vazados dos blocos de alvenaria. Hoje, várias construtoras preferem esses blocos para evitar desperdícios e problemas desse tipo.

São elaborados até projetos que indicam onde cada duto deve passar, com o objetivo de reduzir improvisos.

Nesse caso, onde já aparecem trincas, pode-se aumentar a expessura do revestimento de argamassa e utilizar tela metálica zincada de reforço.

29. TIJOLO APARENTE

Ainda é usual a construção de paredes de casas com tijolos comuns e deixados à vista? E como são passadas as instalações?

As paredes de tijolos aparentes exigem mão de obra mais qualificada e, consequentemente, mais cara. Além disso, não é recomendável o uso de qualquer tipo de tijolo para esse fim.

Existem dois tipos de tijolos para uso aparente: os maciços e os laminados (ou extrudados). Os tijolos maciços são prensados e não possuem perfurações, apenas uma reentrância em uma das faces que facilita seu assentamento. Já os laminados têm furos para agilizar o processo de secagem e queima na fabricação.

Para serem utilizados sem revestimento, os tijolos devem resistir particularmente à umidade e aos ciclos de molhagem e secagem a que serão submetidos ao longo da vida da construção. Se os tijolos não possuem matéria-prima de qualidade e não foram bem queimados, podem sofrer de-

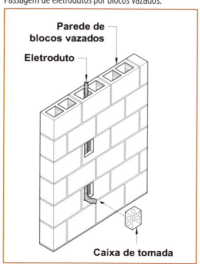

Passagem de eletrodutos por blocos vazados.

Parede de blocos vazados
Eletroduto
Caixa de tomada

terioração após algum tempo. É prudente verificar, com o auxílio de um profissional, se o fornecedor do material segue as normas técnicas brasileiras relativas ao assunto. Há boas fábricas nas regiões mais tradicionais, mas os tijolos de melhor qualidade não são tão comuns como deveriam.

A construção de uma parede de tijolos exige mais argamassa e também é mais trabalhosa.

No caso das instalações elétricas, seria mais prático fazê-las aparentes, utilizando eletrodutos rígidos por fora da parede. Para embutir, é preciso que os eletrodutos sejam colocados durante a execução da parede, o que dificulta o trabalho do pedreiro. Nesses casos, todos os eletrodutos devem ser previstos apenas para descer e subir nas paredes, evitando-se trechos na horizontal. No caso de paredes duplas, pode-se deixar um vazio interno para a passagem das instalações.

Para as prumadas de esgoto, água e ventilação, assim como as de elétrica de maior diâmetro, devem-se prever *shafts* (dutos verticais) próprios ainda no projeto de arquitetura.

Já os ramais horizontais devem ser encaminhados por baixo da laje (acima, pelo forro). Isso também facilita o acesso para manutenção.

30. MURO DE DIVISA

Vou construir e quero evitar o tapume, erguendo logo o muro definitivo

Parede com tijolo aparente. (foto: Jonas Silvestre Medeiros)

na casa. Quais as opções existentes para não gastar muito?

Para muros de divisa, a solução mais comum é construir em alvenaria. Há soluções em pré-moldado, mas não estão disponíveis em todas as regiões do país.

Recomenda-se verificar o tipo de material mais comum na localidade e fazer a cotação entre aqueles que atendam às normas. Para blocos e tijolos, existem selos de garantia fornecidos pelas associações de fabricantes.

Os blocos de concreto são vantajosos para essa finalidade, pois apresentam bom acabamento, regularidade e aceitam bem a pintura aplicada de forma direta.

Um técnico deve ser consultado para fazer um projeto do muro, ainda que simplificado. Muros são extensos e requerem juntas de movimentação para não apresentar fissuras ou trincas. Em geral, devem-se prever juntas distanciadas de 3 a 5 m entre si.

É imprescindível, ainda, armar com barras de aço os vazios dos blocos, de modo que haja resistência às cargas de vento, aos impactos e aos choques eventuais. Essa armação precisa ser bem ancorada à fundação de concreto do muro. Conclusão: embora seja simples, o muro, como qualquer outra parte da obra, deve ser projetado por um profissional da área.

CAPÍTULO 7

INSTALAÇÕES: FAZENDO A CASA FUNCIONAR

Uma casa sem instalações não funciona. São as redes de água, esgoto, ventilação, elétrica, telefonia, comunicação e seus dispositivos que permitem aos moradores utilizá-la de modo funcional.

Fios, condutos, registros, quadros de distribuição e uma série de acessórios precisam ser bem especificados para o bom funcionamento e não cabem improvisações nos projetos de construção. Eis uma parte da obra em que a economia nos materiais não vale a pena e, sim, o rigor estabelecido pelas normas técnicas.

31. PRUMADAS DE BANHEIROS

Posso unir dois ramais de banheiros em uma só rede de 100 mm e levá-la até a caixa de saída? Pode ocorrer variação no nível da água do vaso quando uma das descargas for acionada?

A tubulação de 100 mm é suficiente para o esgoto de dois banheiros da casa. A ligação dos dutos deve ser feita à prumada vertical com uma conexão chamada junção de 45° e ser mantida inclinada para garantir um bom escoamento.

Para evitar a variação de nível, os ramais e a prumada precisam ser ventilados, de modo a equilibrar a pressão interna da rede e a permitir a saída dos gases.

A ventilação dos ramais deve ser estabelecida de modo independente. Cada uma deve ficar mais alta que o eixo do tubo de esgoto que ventila. Elas se conectam à coluna de ventilação (75 mm) e se prolongam até a cobertura, atravessando o telhado. A altura mínima além do telhado é de 30 cm e todos esses detalhes devem estar previstos em um projeto próprio, elaborado por um profissional habilitado.

O forro dos banheiros deve ser executado somente após o teste de funcionamento da rede.

32. TIPOS DE FIO ELÉTRICO

Como saber se o fio tem qualidade para ser usado em uma rede elétrica residencial?

Fios e cabos elétricos que têm o selo do Instituto Nacional de Metrologia, Qualidade e Tecnologia (Inmetro) seguem as normas técnicas vigentes no Brasil. O Inmetro faz testes laboratoriais de segurança antes de aprovar o material e de permitir o uso do selo.

A norma brasileira de instalações elétricas (NBR 5410) classifica os fios e cabos condutores em seis classes, de acordo com sua flexibilidade. Na classe 1 estão os condutores maciços; na classe 2, os condutores encordoados (compactos ou não); na classe 3, os condutores encordoados não compactos; nas classes 4, 5 e 6 estão os cabos flexíveis. Quanto maior a numeração, mais flexível é o condutor. O uso do condutor certo para cada parte da rede é definido na fase de projeto.

33. REDE TRIFÁSICA

Como funciona e com quantos fios é composta uma rede trifásica?

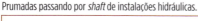

Prumadas passando por *shaft* de instalações hidráulicas.

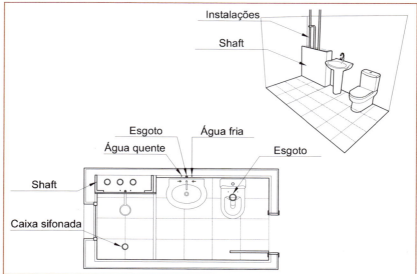

Uma rede de energia elétrica trifásica tem quatro fios, sendo três fases e um fio neutro (não energizado). As fases são chamadas de R, S e T, e o neutro de N. Para a capital de São Paulo, por exemplo, a tensão média entre as fases (R e S, S e T, R e T) é de 230 V, entre as fases e o neutro; é de 115 V, ou de 220 V e 127 V, respectivamente.

Seja trifásica ou não, a rede elétrica deve ser instalada por um profissional habilitado e experiente. São importantes o aterramento adequado, a proteção com dispositivos DR, a divisão dos circuitos e o equilíbrio de cargas entre as fases.

A utilização simultânea das três fases se dá em casos de motores de potência elevada e máquinas especiais que exigem esse tipo de alimentação.

Um projeto benfeito normalmente disponibiliza disjuntores para tomadas separados dos disjuntores da iluminação. O aterramento deve ser individual para chuveiros e tomadas de uso comum (computadores e eletrodomésticos). Os quadros de entrada e distribuição também devem ser aterrados.

O projeto deve prever o uso de bitolas de fios que proporcionem baixa queda de tensão e operação segura. Os fios têm padronização de cores para identificar as fases e os circuitos.

Também há limite para o número de fios por eletroduto, de modo a facilitar a passagem.

Esses e outros aspectos devem ser considerados de acordo com as normas brasileiras e somente um técnico habilitado tem condições de projetar e executar a rede de forma adequada.

34. ODOR NO RALO

Não suporto mais o odor que costuma sair dos ralos de minha casa, principalmente nos dias quentes. Qual a causa e como posso corrigir o problema?

A causa mais comum é o odor proveniente da tubulação de esgoto não encontrar o bloqueio de um sifão. Os sifões funcionam como "fecho hídrico", ou seja, uma pequena reserva de água em ralos, caixas, vasos e outras tubulações que evita que o odor retorne ao ambiente. Existem os chamados ralos secos e os ralos sifonados. É necessário verificar se os ralos existentes no local são do tipo sifonados e se as caixas e outros sifões estão desobstruídos e funcionando. Caso os ralos sejam secos, eles precisam estar ligados a caixas sifonadas. Se qualquer um desses dispositivos estiver mal instalado ou com problemas, deve-se providenciar a troca ou o reparo.

Existem, ainda, outras possibilidades: a ocorrência de um vazamento da rede de esgoto ou falta de ventilação adequada da rede. Para essa verificação, é possível contratar uma empresa especializada que possua responsável técnico com licença fornecida pelo conselho regional, para checar o problema no local. Além disso, a manutenção periódica das instalações da casa também prolonga sua vida útil e vale o investimento.

35. INSTALAÇÃO DE FILTROS E ILUMINAÇÃO NA PISCINA

Minha piscina já está com a estrutura pronta e não deixei local próprio para o *skimmer* nem para refletores. Como posso contornar o problema?

Além de regular o nível, o *skimmer* atua como um aspirador de superfície da água, retirando partículas soltas e restos de materiais.

Para funcionar bem, ele deve permanecer no nível da água. Havendo uma viga de concreto de borda, uma passagem deve ser mantida para sua instalação. Uma alternativa é a utilização de modelos flutuantes, pois não é permitido quebrar a viga para isso.

A norma técnica brasileira diz ser necessário um *skimmer* para cada 75 m² de superfície de água em piscinas residenciais. Para a localização dos *skimmers*, é preciso considerar o esquema de circulação a ser ado-

tado, o formato da piscina e a direção dos ventos predominantes.

Para os refletores, o problema é semelhante, mas como são bem menores que os *skimmers* é viável que sejam instalados após a concretagem.

Hoje é mais comum se utilizarem lâmpadas LED ou fibra óptica na iluminação de piscinas, embora ainda sejam usados refletores com lâmpadas dicroicas.

A quantidade dos projetores pode variar com as condições do local, cor do revestimento e efeito desejado para a iluminação. Para uma piscina com revestimento claro, pode-se adotar cerca de 5 W/m². Os projetores devem ser colocados a aproximadamente 75 cm abaixo do nível da água.

36. FUMAÇA DA CHURRASQUEIRA

O que fazer para que a fumaça de uma churrasqueira seja totalmente eliminada pela chaminé?

A saída apropriada da fumaça envolve os seguintes critérios básicos: a correlação adequada entre largura e profundidade da boca, a seção e a altura da chaminé, bem como as condições do local e a ventilação da região.

A ideia é criar condições para que o vento que passa pela saída da chaminé provoque um efeito de sucção suficiente para retirar a fumaça, evitando seu refluxo.

Uma regra geral é que a chaminé tenha seção equivalente a 10% do tamanho da entrada principal (boca), com o fundo da câmara inclinado para a frente. Isso evita a formação de redemoinhos de fumaça.

Por uma questão de segurança, deve haver uma faixa de cerca de 50 cm de material incombustível na região frontal da lareira, assim como no piso próximo.

Para evitar problemas, é aconselhável a consulta a um profissional especializado e que demonstre bons resultados em projetos anteriores na região em questão.

37. USO DA ÁGUA DE CHUVA

Montei uma rede na minha casa para captar água da chuva. Hoje, utilizo a água para limpeza e plantas. Gostaria de saber se existe algum filtro ou equipamento capaz de tornar a água potável para meu consumo.

A ideia de aproveitamento da água é muito boa e, nesse caso, já deve ser bem utilizada nas atividades domésticas como jardinagem, limpeza geral e descarga de vasos sanitários.

A água da chuva parece limpa, mas, na verdade, está contaminada com poluentes do ar, principalmente nas grandes cidades e regiões industriais. Ao atingir o solo ou os telhados, a água da chuva também arrasta consigo folhas, restos de insetos e outras partículas prejudiciais à saúde.

Mesmo filtrada e protegida da luz e do calor em reservatórios, a água ainda não pode ser considerada potável, porque precisa passar por processos químicos de limpeza e desinfecção, que ocorrem somente em centrais de tratamento. A concessionária responsável pelo abastecimento de cada cidade ou estado pode fornecer informações sobre a legislação obrigatória a ser seguida.

38. BANHEIRA

Que tipo de material é mais indicado para banheiras? Há uma variação muito grande de preços e receio escolher uma mais barata, mas pouco durável.

Existem banheiras que se sustentam sem precisar de apoios e travamentos laterais e, por isso, são bem mais caras que outras dependentes de suporte externo para sustentação.

Outros itens como acabamento final e acessórios podem alterar consideravelmente o preço de uma banheira.

Hoje, a maioria das banheiras tem um corpo monolítico de resina de poliéster ou fibra de vidro e precisa ser apoiada no fundo e nas laterais. Banheiras de acrílico e ferro esmaltado podem ser produzidas para uso sem necessidade de estrutura externa.

Os apoios de fundo das banheiras, quando necessários, são preparados com argamassa seca de cimento e areia. Já suas abas laterais precisam se apoiar em muretas de alvenaria de tijolos, mas há modelos que oferecem fechamento lateral de fábrica.

Quando elas são dotadas de sistema de hidromassagem, é comum que tubos e bombas venham pré--instalados sob o casco.

É indicado, então, que sejam verificadas as opções existentes no mercado e solicitadas ao fabricante todas as recomendações para instalação, que variam de modelo para modelo. Pondere sobre essas variáveis para fazer uma escolha acertada, de acordo com a sua realidade.

39. TUBULAÇÃO DE ÁGUA QUENTE

Gostaria de instalar um aquecedor de passagem a gás com tubos de plástico em vez de cobre. Quais as vantagens e desvantagens de cada tipo?

Tanto os tubos de cobre como os de cloreto de polivinila clorado (CPVC) servem para a tubulação de água quente. Para gás, os tubos de CPVC não podem ser usados.

Se a instalação for executada em uma casa, é provável que seja preciso um pressurizador para obter a pressão mínima para o funcionamento adequado do aquecedor de passa-gem, diferentemente de um aquecedor de acumulação, para o qual isso não é necessário.

Embora o CPVC tenha desempenho adequado em condições normais de uso, o cobre é um metal nobre que apresenta maior resistência a altas temperaturas e a vantagem de poder ser usado imediatamente após a soldagem.

Por outro lado, o CPVC pode dispensar o isolamento térmico e sua instalação é bem mais simples, porque as conexões são coladas com adesivos próprios.

Um engenheiro pode elaborar um projeto de instalações. A partir de um projeto benfeito e com especificações completas, fica mais fácil contratar a mão de obra e acompanhar a execução.

40. ISOLAMENTO DE TUBULAÇÃO DE ÁGUA QUENTE

A tubulação de água quente que sai do aquecedor e vai até o chuveiro precisa ser isolada para não haver perda de calor? Posso fazer isso com alguma argamassa especial?

Se a tubulação for de cobre, isso é necessário, pois o metal é um bom condutor e a perda de calor é significativa.

O isolamento térmico evita a perda de calor por condução e a consequente queda de eficiência do sistema.

De baixo custo e fácil instalação, o isolamento com tubos de espuma de polietileno expandido é mais comum e adapta-se facilmente nas situações em que os tubos se encaminham livres por forros e dutos de instalação residencial.

No caso de tubos embutidos em paredes, podem ser utilizadas argamassas especiais, preparadas com material isolante como a vermiculita.

Foto: Jonas Silvestre Medeiros

CAPÍTULO 8

JANELAS E PORTAS: ACESSO, CONFORTO E SEGURANÇA

JANELAS e portas compõem o item chamado esquadrias e têm papel fundamental no conforto e funcionamento de uma edificação. São elas que controlam a entrada de luz e a ventilação, e sua qualidade depende da eficácia desse controle.

Sejam de madeira, alumínio, PVC ou aço, as janelas e portas permitem o acesso de pessoas e conferem segurança contra a intrusão.

Além de ser um item que está no caminho crítico (conjunto de atividades interdependentes que definem a sequência executiva) das atividades da obra, as esquadrias têm papel de destaque no orçamento, podendo representar mais de 15% do custo total de uma residência.

41. VIDROS PARA PORTAS

A porta de vidro da casa que estou construindo fica bem de frente para a rua. Existe um recuo grande para o portão, mas estou preocupado com a segurança, pois os vidros são bem grandes, formando quatro folhas de correr. O que posso fazer para melhorar a segurança?

O vão que abriga o vidro pode mesmo permitir a entrada de pessoas com facilidade se o projeto da esquadria não for alterado ou se não forem utilizados vidros de segurança.

Por essa razão, janelas e portas de madeira e de aço são reticuladas e utilizam vidros menores.

No caso de esquadrias de PVC e alumínio, duas das quatro folhas são destinadas ao fechamento e à segurança, enquanto as outras duas são de vidro.

Outra maneira de resolver o problema é optar por vidros de segurança. O vidro de segurança mais utilizado atualmente é o laminado.

Na verdade, é composto por duas lâminas que têm na parte central uma película transparente e flexível de um material chamado polivinil butiral (PVB). Essa película permanece inteira mesmo com a quebra do vidro, evitando acidentes e dificultando a invasão. Existem, ainda, os vidros aramados, que também melhoram a segurança.

Recomenda-se procurar uma empresa especializada em esquadrias com vidros de segurança para solicitar um projeto e um orçamento que atendam às normas técnicas e às necessidades do cliente.

42. FIXAÇÃO DO BATENTE DE MADEIRA

Quero fixar os batentes de madeira das portas da casa com espuma expansiva. Qual a folga que deve ser mantida entre a alvenaria e o batente, e que cuidados devo tomar?

A instalação de batentes e contramarcos (parte fixa que apoia o marco ou guarnição do vão de portas e janelas) com espuma de poliuretano é cada vez mais usada por ser uma solução prática e rápida. A espuma, mais cara que argamassas e grapas convencionais, acaba tornando o serviço como um todo mais econômico, em um exemplo típico de como racionalizar é viável.

Antes da aplicação da espuma, o batente deve ser aprumado, nivelado e centralizado de acordo com as medidas previstas para o revestimento. O ajuste no local é feito por meio de cunhas, mas podem-se usar gabaritos metálicos próprios.

Somente após o endurecimento da espuma é que as cunhas e travessas de travamento dos batentes devem ser removidas, evitando-se, assim, que eles saiam de posição.

Os batentes das portas devem ter largura compatível com os revestimentos que serão utilizados dos dois lados da parede. Por exemplo: se a parede em "osso" tiver 9 cm e de um lado existir um banheiro revestido com cerâmica e do outro houver um corredor revestido com gesso, provavelmente a soma será 9 cm da espessura da parede + 1 cm do gesso + 2 cm do emboço de regularização da

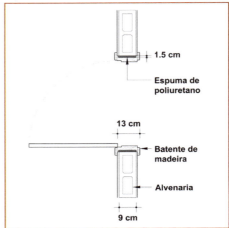

Porta com batente de madeira instalada com espuma de poliuretano.

parede do banheiro + 1 cm da cerâmica somada da argamassa colante, perfazendo-se um total de 13 cm. Se essas espessuras variarem muito em função de diferenças na geometria das paredes, é melhor encomendar os batentes depois das paredes prontas, já que uma das vantagens da fixação com espuma é exatamente a possibilidade de deixar para fixá--los após os revestimentos.

Para obter o acabamento-padrão utilizando guarnições (também chamadas de alizares) convencionais, basta fixá-las cobrindo a região da fixação.

Antes da aplicação da espuma, é preciso remover o excesso de poeira da superfície da parede com uma brocha úmida.

A folga-padrão para a fixação dos batentes com espuma é de 1,5 cm. O vão com a folga deve ser deixado, preferencialmente, com auxílio de um gabarito que demarque ao mesmo tempo as duas laterais e a parte superior da abertura da parede.

Três porções de espuma nas laterais e duas na parte superior são suficientes para fazer a fixação com uma espuma própria para essa finalidade. Dê preferência à espuma de fixação oferecida pelo próprio fabricante do batente.

Não esqueça que os batentes sempre devem ser instalados após a execução do contrapiso (camada de regularização do piso aplicada sobre a laje de concreto). De acordo com o tipo de revestimento a ser utilizado, deve ser deixada a folga necessária entre a base do batente e o contrapiso. Se o revestimento for de placa de rochas com 3 cm de espessura, instalada com argamassa colante, deve ser deixada uma folga de 3,5 cm, por exemplo.

43. TROCA DE JANELA
Gostaria de saber se é possível trocar janelas tipo basculante de uma casa antiga, recém-adquirida, por outras de alumínio ou madeira, mas sem quebrar a alvenaria, pois não encontrei azulejos iguais para substituir os que devem ser quebrados.

É provável que a esquadria existente esteja chumbada à alvenaria e sua retirada total sem danificar o revestimento seja inviável. Uma possibilidade é cortar os contramarcos e deixá-los no local para, então, acertar os vãos novamente e instalar janelas um pouco menores. Esse acerto pode ser feito com concreto ou argamassa.

A diferença entre o vão existente ou novo vão precisa ter o acabamento recomposto e talvez não fique exatamente como planejado. De qualquer forma, é possível encontrar azulejos com padrão bem próximo em lojas de azulejos antigos.

44. JANELAS DE PVC

Qual a vantagem do uso de esquadrias de PVC?

As esquadrias de PVC que seguem as normas técnicas têm vida útil compatível com a das edificações, tornando-se uma alternativa importante no mercado. Além das importadas, existem algumas marcas nacionais de boa qualidade.

Importantes avanços tecnológicos contribuíram para evitar o envelhecimento precoce do PVC quando exposto aos raios solares.

A maior limitação ainda reside no número de fornecedores, quando comparado aos outros tipos (madeira e alumínio) disponíveis no mercado. Na análise de preços, devem ser considerados produtos compatíveis em termos de desempenho.

A fixação dessas esquadrias é feita de forma comum, mas pode-se utilizar espuma de poliuretano para esse fim.

45. JANELAS DE MADEIRA

Meu sobrado terá todas as esquadrias de madeira. Existe algum produto para ajudar na conservação?

Para a conservação de janelas e portas de madeira, empregam-se produtos como resinas seladoras, *stains* e vernizes. A principal diferença entre eles é que os vernizes criam películas, enquanto seladoras e *stains* penetram na madeira sem formar uma camada superficial.

Alguns desses produtos protegem a madeira de insetos, como cupins.

Outro aspecto diferencial é a secagem do material antes da

Janelas de madeira em fachada revestida com placas de rocha. (foto: Jonas Silvestre Medeiros)

fabricação das esquadrias. O uso de madeira mais úmida é sinônimo de empenamento após a instalação da esquadria.

Uma alternativa cada vez mais interessante é a compra de *kits* de portas prontas, nos quais o batente é incluso, além da espuma para instalação, dobradiças, fechadura, a folha de porta e as guarnições de diversos tipos. Há modelos variados, inclusive com caixetas para vedação acústica, e existe a opção de recebê-los com instalação incluída.

46. PINGADEIRA

Qual a importância do uso de pingadeira em peitoril de janelas?

Nem todo peitoril de janela possui pingadeira, mas todos deveriam ter. A pingadeira confere acabamento, evita que a água da chuva escorra, manchando o revestimento da fachada, e colabora diretamente para evitar infiltração de água entre o peitoril e a esquadria.

A pingadeira clássica tem um detalhe que se projeta para fora, com o objetivo de facilitar o escoamento da água. Ela pode ser de rocha (como o granito), cerâmica, concreto e tijolos, e cada material requer um desenho próprio.

A inclinação da pingadeira deve ser voltada para o lado externo e a vedação junto ao contramarco da janela ou caixilho, bem cuidada. Se a inclinação estiver errada, a água se acumula e pode gerar infiltração com maior facilidade.

47. ÁREAS DAS JANELAS

Existem normas que definam a área mínima de janelas hoje em dia?

Os critérios para definir as áreas das janelas estão presentes nos códigos de obras das prefeituras de cada município.

O valor é geralmente proporcional à área do piso, sendo a relação de 1/6 a mais comum para o caso de dormitórios. Pelo menos metade dessa área equivalente deve servir para a ventilação natural do ambiente.

Detalhe de pingadeira de janela em pré-moldado de concreto.

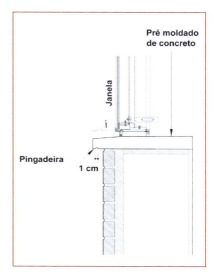

Existem, ainda, normas técnicas que tratam do assunto, e o responsável pelo projeto é obrigado a respeitá-las.

Além de ser fundamental para estabelecer níveis mínimos de conforto, as áreas destinadas à passagem de ventilação e iluminação natural interferem diretamente na saúde dos usuários e devem ser definidas com bastante cuidado, levando em consideração a localização da construção.

48. RENOVAÇÃO DA PORTA DE MADEIRA

Minhas portas de madeira e os batentes são pintados. Como posso remover a pintura e deixar a aparência de madeira natural?

Remover a pintura é possível, mas pode ser bem trabalhoso. Nem sempre a superfície da madeira sobre a qual foi aplicada a pintura está em bom estado. É provável que a madeira tenha recebido massa de regularização para ser lixada e depois pintada.

Além da pintura, essa massa deve ser removida por meio de lixamento e removedores especiais à base de solvente. A mão de obra de marcenaria para esse serviço deve ser experiente e receber orientação quanto ao uso correto dos produtos com base nas instruções do fabricante.

É importante lembrar que os produtos à base de solvente são voláteis e prejudiciais à saúde, exigindo o uso de luvas e máscaras próprias e ventilação adequada. Depois da remoção completa, a madeira deve ser preparada para receber proteção natural. Normalmente, é necessário usar uma massa à base de resinas para os retoques. Essas massas podem ser pigmentadas na cor desejada de modo a tornar a superfície mais próxima da madeira utilizada. Depois da preparação, deve-se aplicar um fundo preparador, *stain* ou verniz. É na escolha desses produtos que se define o acabamento desejado. Os *stains* protegem e tingem a madeira deixando uma aparência mais natural, enquanto os vernizes formam uma película protetora e conferem brilho.

Uma sequência de lixamento, com lixas finas e grossas, e novas camadas de proteção permite alcançar a aparência desejada.

49. RUFO OU CHAPIM

É necessário proteger a parte superior de muros e muretas contra a chuva?

A incidência direta da chuva e os ciclos de molhagem e secagem, além da insolação direta, podem deteriorar praticamente qualquer tipo de material e de superfície. Para maior durabilidade, é necessário proteger os muros e muretas expostos, principalmente na parte superior.

A primeira função dessas proteções é permitir o rápido escoamento da água. Elas devem ser estanques para evitar que a água penetre. Nos casos dos muros, das muretas e, das principalmente, platibandas, uma solução comum é o uso de rufos metálicos fabricados com chapas de aço galvanizadas. As chapas são dobradas na forma de pingadeiras e ficam inclinadas na parte superior. Nas emendas, ao longo do comprimento, ocorrem sobreposição e soldagem própria, sendo a soldagem com eletrodos de estanho a mais aconselhada.

Para uma instalação apropriada, deve-se, preferencialmente, sobrepor duas chapas. A primeira, parafusada no corpo da platibanda, e a segunda, recobrindo a primeira de modo que as posições dos parafusos fiquem protegidas contra a passagem da água da chuva. Essas chapas sobrepostas dobram-se nas extremidades formando pingadeiras que afastam a água do escorrimento pela parede. Os rufos em chapa podem ser pintados, mas requerem um fundo preparador próprio para metal galvanizado.

Os rufos também podem ser construídos com placas de rocha ou pré-moldadas. Neste último caso, o ponto frágil para a infiltração de água é a junta entre placas, que precisa ser tratada com selante elastomérico. Para evitar tais emendas, podem-se projetar rufos em concreto moldado no local. A fôrma de madeira tem execução trabalhosa, mas o resultado pode ficar muito bom quando feito com cuidado.

50. VEDAÇÃO DO PEITORIL

A água resultante das chuvas fortes sempre penetra pela minha janela. Notei que isso tem acontecido pela parte de baixo, entre o caixilho e a parede. Como posso resolver o problema?

Existem dois problemas nesses casos: a má fixação do contramarco que fixa a esquadria à parede e a vedação deficiente entre esse contramarco e o revestimento da pingadeira.

Quando chove forte, o vento é capaz de fazer a água da chuva penetrar por aberturas mínimas, até mesmo por aquelas menores que 1 mm. A turbulência externa dá origem a

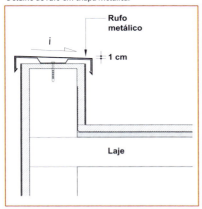

Detalhe de rufo em chapa metálica.

uma zona de maior pressão, fazendo com que ocorra sucção da água pela abertura para o lado interno.

A solução para problemas dessa natureza deve acontecer ainda na fase de projeto e detalhamento da construção, momento no qual são especificadas esquadrias com vedações eficientes e, muitas vezes, duplas. O projeto deve prever, também, a forma como se dará o encontro entre o contramarco e o revestimento da requadração no local. Uma solução eficiente é obtida com o uso de pingadeira de placas de rocha, sem emendas, bem alojada pelo perfil do contramarco e depois vedada com selante de silicone pelo lado externo.

CAPÍTULO 9

ÁGUA: PROBLEMA E SOLUÇÃO

A ÁGUA é um material essencial para se construir e, ao mesmo tempo, um dos que mais podem originar problemas.

Quando se constrói, é preciso prever uma série de recursos para evitar sua infiltração e, consequentemente, a deterioração de materiais menos resistentes à umidade. No caso das áreas úmidas, onde serão desenvolvidas atividades que utilizam água, é preciso aplicar com cuidado materiais mais resistentes.

Os cuidados com a água se tornaram tão comuns que levaram à criação de um serviço especializado: a impermeabilização.

Esses cuidados começam antes mesmo da construção propriamente dita, durante a etapa de fundação e drenagem do terreno, e vão até a cobertura e o telhado da edificação, passando pelas instalações hidráulicas, sanitárias e as vedações de esquadrias.

51. UMIDADE E MANCHAS

Nos rodapés das paredes de minha residência, apareceram manchas brancas logo depois da primeira pintura. Mesmo repintando, elas voltaram a surgir. As manchas estão sempre acompanhadas pela umidade, que dificulta a respiração no ambiente. O que faço para resolver isso?

Quando a água passa por dentro de alguma parte da construção que contém cimento – e muitas têm –, ela transporta sais existentes nos materiais e os deposita na superfície, onde existe maior evaporação.

Quando esse fluxo é contínuo ou a presença da água é significativa, os sais aparecem facilmente e, até que o processo se interrompa, maiores quantidades são depositadas. No estudo dos materiais e patologia das construções, esse fenômeno é chamado de eflorescência.

Para a resolução do problema, deve-se procurar, primeiramente, identificar a origem do fluxo de umidade e tentar interrompê-lo. Depois, a mancha pode ser removida com escovação ou uso de produtos químicos específicos.

A remoção das manchas ou eflorescência não deve demorar, porque os sais podem reagir com o gás carbônico presente no ar atmosférico e endurecer.

Para eliminar ou controlar a fonte de umidade, é preciso investigar um pouco. No caso do rodapé, talvez ela seja proveniente do terreno, por falha ou ausência de impermeabilização apropriada.

É importante checar se existe falha ou fissura entre o piso e o rodapé, pois a água pode passar facilmente e ascender pelos vazios ou capilares da parede através de um fenômeno conhecido como ascensão capilar. Isso pode ser analisado por uma empresa especializada e resolvido com o uso de produtos de impermeabilização indicados para o problema ou a construção de uma rede de drenagem no local.

52. UMIDADE NO PISO

Meu piso é novo e os tacos de madeira começaram a se soltar. Notei que o contrapiso que serve para colagem dos tacos está úmido. Será esta a causa? Como resolver?

Qualquer solução nesse caso passa pela eliminação da entrada de umidade, já que a madeira e a cola utilizada para fixar os tacos são sensíveis à umidade.

Se mesmo após a secagem a umidade se renovar, é provável que ela esteja entrando por baixo, pelo terreno.

Caso o contrapiso esteja firme, sem sinais de falta de resistência depois de seco, ele deve servir para que os tacos sejam colados novamente. Se ele apresentar danos localizados, deve ser reparado com cuidado. A superfície do contrapiso precisa estar lisa e firme para a cola ter boa aderência. Essa condição é obtida quando se faz o acabamento do contrapiso com uma adição extra de cimento e a passagem da desempenadeira.

Se ainda assim a umidade não sair do contrapiso, será preciso identificar sua origem de modo a evitá-la. Há terrenos em que é necessário instalar um sistema de drenagem para se obter um resultado definitivo, e, para isso, o auxílio de um técnico é essencial. Ele deve providenciar a instalação de uma rede externa com profundidade suficiente para captar a água que se aproxima do piso. Normalmente, são utilizadas valas no perímetro da construção, preenchidas com brita e envoltas em geotêxtil para captar a água. No fundo da vala, deve existir uma rede de tubos perfurados que recebem a água, conduzindo-a para o destino apropriado.

53. IMPERMEABILIZAÇÃO DA FUNDAÇÃO

Que medidas são essenciais para evitar problemas com umidade na construção de uma nova casa? Já sofri anos na casa atual e não quero passar por isso novamente.

O arquiteto ou engenheiro responsável pela edificação deve tomar medidas para controlar a entrada da água desde a preparação do terreno e a fundação. Algumas dessas medidas visam a deixar a água longe de paredes e pisos, já que, quando está por perto, é mais difícil impedir sua ação.

Entre duas medidas das mais eficazes, estão a instalação de uma rede de drenagem e a impermeabilização de paredes e pisos que tenham contato com o solo.

A rede de drenagem pode proteger toda a casa e aproveitar a inclinação natural do terreno para proporcionar o escoamento da água. Isso deve ser pensado justamente na fase de projeto, antes do início da obra, momento propício para tomar a decisão mais correta.

A parte enterrada da rede de drenagem capta a água que vem do solo e evita que ela fique acumulada e atinja os níveis do baldrame (parte visível da fundação, como as vigas de apoio das paredes) e os pisos. Se a água chegar a esse nível e entrar em contato com vigas de concreto, paredes e contrapiso, ela tende a subir por causa da ascensão capilar.

Além da água presente no térreo, a rede deve captar a água que se infiltra superficialmente por meio das chuvas e da limpeza de pisos e jardins.

No fundo da rede, existe uma tubulação de drenagem envolta em geotêxtil, que transporta a água por gravidade até caixas de passagem ou de areia. Acima da tubulação deve existir uma vala com brita, também envolta em geotêxtil, que permita que a água seja drenada do terreno, mas impeça que a parte mais fina do solo obstrua os vazios da brita.

Se as valas da rede de drenagem forem escavadas ao lado das paredes ou vigas do baldrame, estas precisam estar devidamente protegidas e impermeabilizadas.

Nesse caso, para baldrames, podem-se usar mantas de asfalto ou membranas de cimento e polimérico com barreira para impedir a ascensão capilar. A escolha dessas soluções requer especificação cuidadosa e detalhes construtivos próprios.

É recomendável, em qualquer caso, a construção do contrapiso sobre uma camada de brita coberta com lençol de plástico (polietileno) para evitar a passagem da água.

Nas paredes externas, devem-se fazer proteção contra respingo de chuva e lavagem do piso, executando-se uma faixa alta de material impermeabilizante.

54. AMBIENTE ENTERRADO

Uma das paredes da minha casa será construída abaixo do nível do terreno. Disseram-me que certamente terei problemas de umidade lá. Existe alguma solução segura?

Se o terreno em questão tiver um nível elevado e for de boa qualidade, não deve haver água no solo que tenda a subir por capilaridade, restando proteger a parede da umidade que se infiltra no solo pela superfície. Nesse caso, a solução mais eficaz para garantir que a umidade não afete uma parede é construir outra ao lado dela, deixando uma cavidade central entre ambas.

Na parede dupla com cavidade, a lâmina externa impermeabilizada funciona como primeira barreira contra a umidade. Dentro da cavidade, pode-se usar um lençol plástico para impedir a passagem da água, até mesmo na forma de vapor. No fundo da cavidade, se instala uma pequena rede de drenagem. A ideia da parede dupla é interessante, porque viabiliza na prática o conceito de barreira dupla contra a água.

Na impossibilidade de se fazer a parede dupla, a melhor opção é impermeabilizar a face exposta da parede de modo convencional.

55. ESPELHO D'ÁGUA

Tenho um espelho d'água cujo fundo é de concreto, e a parede lateral, de tijolos. Para impermeabilizar o concreto, foi usado um aditivo na própria mistura do material. O mesmo aditivo foi aplicado na argamassa do revestimento interno das paredes. Mesmo assim, ocorre vazamento. O espelho está revestido com pedra e gostaria de saber o que devo fazer para resolver o problema.

A água pode percolar os materiais de construção por meio de seus poros, vazios e capilares, ou passar através de fissuras, mesmo pequenas e muitas vezes imperceptíveis. Para atravessar pequenas fissuras e poros, precisa existir pressão. Quanto maior a coluna d'água, maior a pressão.

A impermeabilização obtida através da aditivação do concreto ou argamassa pressupõe que esses materiais, depois de aplicados, fiquem compactos e livres de fissuras. Ou seja, se existem fissuras, a água pode passar. É por isso que este tipo de impermeabilização é chamada de rígida.

Se o vazamento existente é lento e contínuo, é provável que vazios e fissuras permitam a passagem da água.

A correção do problema certamente passará pela remoção do

revestimento de pedras e pela aplicação de uma camada impermeabilizante que vede os vazios e as fissuras. Nesse caso, portanto, o material deve ser mais deformável para acompanhar a movimentação da fissura. Os materiais mais usados são as membranas poliméricas ou asfálticas ou, ainda, as mantas, que também podem ser asfálticas ou sintéticas.

56. UMIDADE NA FACHADA

Tenho uma parede com sinais de umidade no rodapé, e os tijolos estão se desfazendo. Será que devo revesti-la de pedras para resolver o problema? Senão, o que é preciso fazer?

Provavelmente, o revestimento de pedra não vai resolver, pois a umidade deve ser proveniente do solo abaixo do nível do piso ou de infiltração que vem pelo lado externo. Será uma questão de tempo – e de quantidade de água – até que as pedras manchem e também apareçam manchas brancas (eflorescências) nas juntas de argamassa.

A medida mais eficaz para deter a umidade é a instalação de drenos adjacentes à parede úmida. Uma vez bem projetados e executados, os drenos devem fazer com que as paredes sequem rapidamente.

Depois de seca, a parede poderá ser impermeabilizada por segurança e revestida normalmente com argamassa para receber pintura ou outro revestimento aderido, como cerâmica ou rocha.

O esfarelamento observado nos tijolos cerâmicos se deve a um fenômeno conhecido como expansão por umidade. Quando o tijolo tem baixa resistência e foi queimado de modo deficiente, ele pode se deteriorar à medida que é exposto a ciclos de secagem e molhagem. Os tijolos deteriorados precisam ser trocados antes da execução da impermeabilização do novo revestimento.

57. IMPERMEABILIZAÇÃO DA LAJE

Qual a melhor maneira de fazer a impermeabilização de uma laje de cobertura?

Vários produtos e técnicas podem ser utilizados com eficácia, mas, por se tratarem de superfícies maiores, é mais comum o uso de mantas sintéticas ou asfálticas. Ainda que o material asfáltico seja mais tradicional, outras soluções podem ser viáveis, dispensando etapas como a proteção mecânica.

Para a definição completa da impermeabilização, deve-se saber se a cobertura terá acesso ao tráfego de pessoas. Nesse caso, a solução deve ser pensada de acordo com o revestimento que se deseja utilizar.

Detalhe de impermeabilização de platibanda.

- Parede de bloco de concreto
- Argamassa de proteção mecânica armada
- Impermeabilização
- Piso

Outro cuidado importante tem relação com o fato de a laje de cobertura ser exposta e, portanto, submetida continuamente à dilatação e à contração por causa da ação da temperatura. Por isso, é comum usar uma camada separadora entre a impermeabilização e o revestimento, permitindo que os diferentes materiais se movimentem mais livremente.

58. TERRENO EM DECLIVE

Que cuidado devo tomar para que a parte da casa construída em terreno inclinado não sofra com a umidade?

Aplicação de manta asfáltica. (foto: Jonas Silvestre Medeiros)

A medida mais eficaz é afastar a água da parede. Deixá-la chegar livremente e tentar resistir à sua entrada costuma ser mais difícil e arriscado. Em terrenos inclinados e encostas, é preciso providenciar uma rede de drenagem e proteger cortes e aterros executados no terreno para evitar problemas.

Se a escavação for em talude (inclinação natural do terreno), é preciso providenciar proteção contra a chuva através de canaletas na parte superior, inferior e rede de drenagem própria.

Se os cortes forem verticais e a estrutura de concreto, cortinas de perfis e pranchas ou mesmo muro de alvenaria, é necessário construir uma parede pelo lado interno, impermeabilizar e criar um caminho para captar e dar destino à água da infiltração.

Essa água captada deve ser destinada adequadamente à rede pública pluvial. Dependendo da localização, isso pode exigir acesso pelo lote vizinho e, nesse caso, será preciso autorização para tal.

Para saber se existe lençol freático e presença de água no solo, é necessário solicitar a execução de uma sondagem do terreno.

Também é importante relembrar que proteção de taludes, rede de drenagem, contenções e sondagem são assuntos técnicos e, como tais, precisam de orientação profissional.

59. PROTEÇÃO EXTRA PARA O TELHADO

Para que servem as chamadas subcoberturas? Como devo utilizá-las?

Existem no mercado dois tipos de subcoberturas: as que evitam a passagem de água, ajudando os telhados a serem estanques, e as que podem contribuir para o conforto térmico da cobertura.

As subcoberturas que ajudam na estanqueidade são especialmente recomendadas quando os telhados estão com a inclinação próxima dos limites recomendados.

As subcoberturas que podem melhorar o desempenho térmico, em geral, têm duas camadas, sendo uma de espuma de polietileno e outra de um filme bem fino de alumínio.

Essas subcoberturas dão melhor resultado com a face de alumínio voltada para baixo quando se pretende aproveitar a baixa emissividade de calor do alumínio, como no caso do clima quente predominante no Brasil.

Em clima mais frio, em que são utilizados sistemas de calefação ou aquecimento do ambiente interno, a face de alumínio deve ficar para cima para ajudar a diminuir a perda de calor.

60. IMPERMEABILIZAÇÃO DO MURO

É possível impermeabilizar bem um muro apenas o revestindo com chapisco? Preciso usar algum produto especial na massa?

O chapisco é utilizado como camada de preparação para o revestimento de argamassa (emboço ou massa única). Aplicado sozinho, pode contribuir para a estanqueidade, mas não vai funcionar como esperado para impermeabilizar a parede, ainda que aditivado com agentes impermeabilizantes em sua composição.

O chapisco tem espessura fina, não cobre a alvenaria completamente e a água da chuva pode percolar com relativa facilidade.

É preciso entender que os materiais e elementos de uma constru-

ção raramente são completamente impermeáveis. Por isso, utiliza-se o termo "estanqueidade" para caracterizar a dificuldade que uma determinada camada tem de resistir à passagem da água, seja na forma líquida, seja de vapor.

Considere ainda que a argamassa de chapisco preparada com cimento e areia precisa de bastante água em sua composição para ser aplicada. Essa água em excesso acaba deixando o chapisco poroso, mesmo que ele seja preparado na proporção volumétrica de uma parte de cimento para três partes de areia.

CAPÍTULO 10

TELHAS, TELHADOS E COBERTURAS: PROTEÇÃO

A COBERTURA, também chamada de vedação horizontal, é a parte mais exposta da maioria das construções. Ela sofre ação direta do sol, das chuvas, do vento e de outras intempéries, por isso exige projeto e execução cuidadosos.

A cobertura mais comum no Brasil é o telhado de telha cerâmica. Esses telhados são quase sempre criados sobre estruturas de madeira apoiadas sobre lajes planas.

As lajes de cobertura sem telhados precisam ser impermeabilizadas para garantir estanqueidade adequada. Há vários tipos de impermeabilização, mas nas coberturas são muito empregadas mantas e membranas asfálticas.

Como as fachadas, as coberturas também exigem manutenção periódica e corretiva, sempre que necessário, de modo a manter sua vida útil.

61. INCLINAÇÃO DO TELHADO

Minha ideia é fazer um telhado mais inclinado e mais alto usando telhas comuns. Existe algum problema? Pretendo usar a área entre a laje e o telhado.

Quanto menos inclinado um telhado, mais o peso das telhas contribui para deixá-las estáveis e seguras com relação à força do vento. Por outro lado, se não existir a inclinação necessária, há risco de a água não escorrer adequadamente e retornar pelo lado de baixo, principalmente durante chuvas com vento.

Cada tipo de telha tem uma inclinação recomendada para evitar problemas, como retorno da água da chuva pela parte inferior e insegurança. Para as telhas mais comuns, tipo capa-canal, a inclinação deve ficar entre 20 e 25% (existem subtipos com diferentes desenhos).

Para telhados mais inclinados, podem ser usadas as telhas francesas, que admitem inclinação de até 40%. Outro recurso é fixar as telhas com arame resistente à corrosão, como os de cobre.

62. IMPERMEABILIZAÇÃO DE TELHAS

As telhas de minha casa parecem absorver a água da chuva e ficam bem molhadas quando chove. Com o passar do tempo, estão ficando com bolor e limo. Ouvi dizer que podem ser impermeabilizadas, é verdade? Isso ajuda a evitar infiltrações?

A impermeabilização das telhas é dispensável desde que o telhado tenha sido projetado e executado adequadamente. Por outro lado, pode ser muito útil para evitar que criem fungos, bolor e sujidades em curto período.

O funcionamento adequado do telhado está relacionado aos cuidados com a inclinação correta para o tipo de telha e o transpasse entre elas. O passo inicial é verificar e reposicionar telhas fora de lugar, se for o caso.

As telhas, como muitos outros materiais de construção, seguem normas e têm selos de associações de fabricantes, que atestam a qualidade. Isso é importante para evitar aquelas muito porosas, que quebram facilmente e cujos desvios dimensio-

nais impedem a boa montagem do telhado.

No caso da opção pela impermeabilização, é interessante sempre usar hidrofugantes que permitam manter o efeito por mais tempo. Tal aplicação deve ser feita por uma empresa especializada no assunto, sem esquecer a limpeza prévia das telhas com jato de água.

63. MADEIRA OU AÇO

Estrutura de madeira ou metálica, qual devo usar no meu telhado?

Para construção residencial, é mais comum o uso de estruturas de madeira, pois elas são mais acessíveis aos construtores independentes.

Os telhados com estruturas metálicas normalmente tornam-se alternativas mais viáveis quando montados em maior escala. Por isso mesmo são muito empregados em galpões, por exemplo.

As treliças planas e espaciais de aço e alumínio podem vencer grandes vãos e, dificilmente, as de madeira são melhores nesses casos.

Para a estrutura de madeira, deve ser usada uma espécie que resista ao ataque biológico, principalmente de insetos xilófagos, que consomem madeira. Deve ser escolhida madeira certificada para que não seja usado material extraído de modo ilegal.

64. MADEIRAMENTO DO TELHADO

Quero cobrir uma varanda larga com telha cerâmica e madeira sem utilizar tesouras e terças. Que dimensão de caibros devo empregar sem correr o risco de empenamento?

É muito provável que utilizando somente caibros não seja possível construir uma estrutura segura e com deformações dentro dos limites da norma técnica em vigor. No sentido transversal aos caibros, deve ser necessário usar terças, de modo a criar mais pontos de apoio para os caibros. Essas terças, por sua vez, deverão estar apoiadas de modo a limitar o que está sendo chamado de empenamento, ou seja, a flecha do vão.

A única maneira de prevenir isso é contratando um projeto do telhado, no qual um técnico capacitado possa determinar a trama de madeira que servirá de apoio para as telhas. No projeto, são consideradas as características do tipo de madeira utilizado, para diminuir os riscos e se evitar surpresas.

Com a utilização de tesouras, caibros e terças ficam mais espaçados e, provavelmente, o resultado final será mais econômico. Como as tesouras têm maior rigidez, elas evitam os tais deslocamentos.

Tesoura e elementos de madeira de um telhado.

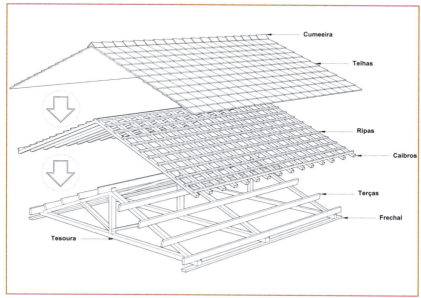

65. ILUMINAÇÃO E VENTILAÇÃO PELO TETO

Pretendo construir um pequeno lavabo, e minha única opção de iluminação e ventilação é pelo teto. É preferível colocar laje ou forro acompanhando a inclinação do telhado?

A instalação de um forro acompanhando o telhado é uma boa ideia. Pode ser instalada uma janela própria para essa finalidade ou até mesmo podem-se usar telhas de vidro especial. Fazendo a laje plana, é provável que o ângulo de incidência dos raios solares fique bem limitado.

Existe, ainda, a possibilidade de usar modelos de porta que possam contribuir com a ventilação, através de venezianas ou mesmo vidro que permita a passagem da luz. O projeto desse ambiente feito por um arquiteto costuma evitar retrabalho, além de facilitar a obtenção do efeito desejado.

66. ALTURA DA CHAMINÉ

Vou construir uma casa com lareira e tenho dúvidas a respeito do seu bom funcionamento. Qual é a altura certa da chaminé para evitar que a fumaça volte?

As chaminés funcionam assim: o vento que passa por cima da chaminé produz um efeito de sucção que ajuda a puxar o ar quente, gases e fumaça, que sobem naturalmente pelo duto.

A forma como o vento produz esse efeito depende da posição, do formato da abertura, da altura e de como o ar se movimenta no entorno da construção. Por isso, o telhado também influencia, bem como os diferentes tipos de lareira e sua forma de combustão.

A recomendação geral é que a chaminé fique acima da parte mais alta do telhado, para que o vento passe livremente e produza maior sucção.

Em um telhado convencional, a chaminé precisa, portanto, ficar acima da cumeeira, devendo passar desse ponto pelo menos 50 cm, para telhados inclinados em pelo menos

Altura de uma chaminé residencial.

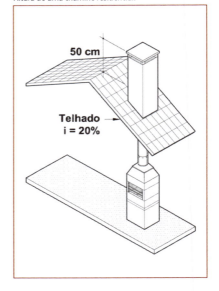

20% (relação entre plano horizontal e maior altura vertical do telhado). Telhados menos inclinados ou planos exigem chaminés mais altas.

A altura sozinha, por outro lado, não resolve o problema. A chaminé precisa oferecer condição adequada para a subida dos gases aquecidos. Se os gases esfriarem ao longo da altura, isso pode se tornar um problema. Por isso a capacidade de isolamento térmico do conduto é importante. Lareiras mais eficientes têm paredes mais espessas ou paredes duplas com isolante térmico, a fim de permitir a rápida ascensão dos gases.

A seção transversal da chaminé é função da boca ou abertura principal. Quanto maior a abertura de entrada, maior deve ser a seção para conduzir os gases. É normal se adotar para a seção 10 a 15% da área da boca. Deve-se preferir chaminés de seção circular ou quadrada. No caso de seções retangulares, o maior lado do conduto deve ser perpendicular à direção predominante dos ventos no local.

Para facilitar a saída dos gases, o teto da boca deve ser inclinado em cerca de 60° em relação à chaminé e possuir acabamento mais liso que a parte externa. O uso de tijolos refratários assentados a espelho – com a maior face voltada para fora – é uma boa prática.

67. LAJE OU FORRO

Existe vantagem em eliminar a estrutura de madeira do telhado e do forro, apoiando as telhas diretamente sobre a laje de concreto inclinada? E no caso de não se usar laje, apenas o telhado e forro?

Eliminar a maior parte do madeiramento, que é normalmente a parte mais onerosa do telhado, seguramente trará uma redução substancial ao custo direto e total do telhado, mas alguns aspectos precisam ser observados.

A laje certamente vai ficar mais cara por causa da maior área e do maior volume de concreto, consumo de aço, fôrma e escoramento. É mais trabalhoso concretar lajes inclinadas também.

Além disso, perde-se o colchão de ar criado pela estrutura de madeira apoiada sobre a laje, que ajuda no conforto térmico da cobertura. Isso dificilmente é compensado de outra forma nessas condições.

Já a construção de uma cobertura apenas com telhado, deixando a estrutura de madeira aparente, tem muitas vezes um apelo estético ocasionado pela beleza natural da madeira na geometria das tesouras e pendurais.

Para esconder o madeiramento e as instalações elétricas, normalmente, utiliza-se forro, que pode ser de madeira, gesso, PVC ou outros materiais.

Se optar por não usar o forro, as instalações de iluminação ficarão aparentes; porém, o maior volume de ar ocasionado pelo pé-direito mais alto e pela ventilação natural das telhas permitirá um interior mais fresco.

No caso do forro, é recomendável a utilização de subcoberturas para evitar a passagem de umidade. Algumas subcoberturas ainda melhoram o conforto térmico.

Diante das possibilidades, vantagens e limitações, o mais importante é consultar um profissional para indicar a melhor solução para cada caso específico. Talvez sejam usadas duas alternativas em diferentes ambientes, optando-se pelo que for mais vantajoso em cada situação.

68. CALHAS

Vou morar em uma casa de três andares que não tem calha para coletar a água do telhado. Estou preocupado com a chuva que cai e fica molhando a base da parede. O que deve ser feito?

O excesso de umidade pode ser evitado com a instalação de um dreno de brita no térreo. Essa medida ajuda bastante, mas, no caso de uma construção alta, não deve ser mesmo suficiente e a recomendação é instalar as calhas.

A calha fica externa quando o telhado tem beiral. Quando existe uma platibanda, quem faz o papel da calha normalmente é uma canaleta interna de drenagem.

As calhas externas são de chapa de aço galvanizada, cobre, alumínio ou PVC. Elas são dotadas de tubos de queda que conduzem a água até uma caixa de passagem própria no térreo.

Já as canaletas são normalmente construídas de concreto e precisam ser impermeabilizadas. Elas devem ser dimensionadas de acordo com a pluviosidade local e as recomendações das normas técnicas para conduzir apropriadamente a água para a rede de captação.

A canaleta precisa ter declividade, e os ralos devem ser protegidos para evitar obstrução com folhas e outros objetos.

69. TRANSPARÊNCIA

Existe um material transparente que possa substituir o vidro em cobertura?

O material mais utilizado hoje, para essa finalidade, são os painéis de policarbonato.

Eles são mais deformáveis, mais leves e mais resistentes a impactos que o vidro comum. Além disso, podem ser curvados e proporcionam a passagem da luz.

Existem painéis de policarbonatos alveolares de maior espessura, que apresentam melhor desempenho térmico e flexibilidade nas aplicações.

Além da luz que passa pela cobertura transparente, o calor também passa e isso poderá trazer inconvenientes para o conforto térmico do ambiente, devendo ser levado em consideração. Muitas vezes, é preciso manter o ambiente ventilado ou refrigerado para que o conforto seja adequado.

Como permite a passagem da luz do sol, a cobertura transparente contribui, por outro lado, para reduzir o consumo de energia e melhorar o ambiente de trabalho.

O vidro não tem essa limitação de durabilidade; mesmo exposto, ele resiste à radiação solar quase indefinidamente. Por outro lado, esse material é bem mais pesado, mais frágil, e sua manipulação, mais difícil. Convém lembrar que somente vidros de segurança podem ser usados em coberturas.

Há, ainda, a opção de usar telhas translúcidas fabricadas em fibra de vidro, mas elas não têm a superfície polida dos vidros e policarbonatos.

A melhor solução para equilibrar custos e benefícios deve ser dada por um projeto executivo bem elaborado.

70. FIXAÇÃO DAS COLUNAS DE MADEIRA NO PISO

Gostaria de saber a respeito da correta fixação das colunas de madeira. Algumas casas têm as colunas concretadas diretamente no chão. Outras têm as colunas apoiadas sobre pequenas estacas de concreto, longe da umidade do solo cerca de 10 cm. Qual é a melhor solução?

A ideia de afastar as colunas de madeira da ação direta da umidade é mais sensata. Isso vale tanto para evitar aquela umidade que sobe do terreno como para evitar a água de lavagem dos pisos. No entanto, a peça deve ficar sempre apoiada para conduzir as cargas da cobertura para a fundação. O uso de barras, chapas ou perfis metálicos torna-se um recurso interessante a ser considerado pelo arquiteto no detalhamento. Tais acessórios metálicos devem ser protegidos contra corrosão, assim, é recomendável que sejam de aço galvanizado ou inoxidável.

Foto: Jonas Silvestre Medeiros

CAPÍTULO

11

REVESTIMENTOS: O QUE OS OLHOS VEEM, O CORAÇÃO SENTE

Os REVESTIMENTOS representam a parte da construção que mais desperta a atenção e a curiosidade das pessoas em geral. Nada mais natural, uma vez que eles estão em contato direto com os nossos sentidos, como tato e visão. As sensações que os revestimentos transmitem acabam se transformando no principal elo entre o ambiente construído e as pessoas. É o que se enxerga primeiro, o que revela o esmero do construtor e onde qualquer defeito pode saltar aos olhos. É o tema mais discutido e sobre o qual mais se tem opinião a respeito.

Tecnicamente falando, os revestimentos cumprem uma série de funções, além de servir para embelezar uma edificação. Cabe a eles proteger a construção da ação dos agentes externos ao longo do tempo, evitar o envelhecimento precoce e permitir que o usuário realize suas

tarefas com conforto, segurança e salubridade.

71. CERÂMICA OU PINTURA NA PAREDE

Vou reformar a cozinha de minha casa e deixar apenas uma das paredes pintada, sem revestimento cerâmico. Há algum problema nisso?

A parede pintada vai precisar de mais manutenção, mas pode ser facilmente renovada. A tinta deve ser de boa qualidade e lavável; tintas foscas mancham com mais facilidade. Obviamente, não é possível lavar a parede da mesma maneira que nas outras superfícies com cerâmica, mas o ambiente pode ficar interessante com a composição entre diferentes revestimentos.

Uma dica: não é preciso remover os azulejos para fazer a pintura. O uso de massa corrida acrílica sobre

75

os azulejos pode resolver, se usada a técnica recomendada. Devem-se repetir várias demãos de massa para que o rejuntamento realmente não apareça marcado após a pintura.

A reforma de uma cozinha requer, ainda, cuidados com relação às instalações elétricas e hidráulicas, principalmente no caso de edifícios. A ajuda profissional é importante para se obter orientação adequada sobre as necessidades e planejar a reforma com cuidado.

72. GESSO

Que vantagens existem em substituir o reboco comum de cimento por revestimento de gesso em paredes de alvenaria de blocos cerâmicos?

O revestimento de gesso pode ser uma opção bem interessante quando a parede é bem construída e apresenta boa regularidade superficial. Isso depende, também, da qualidade dos blocos utilizados. Com blocos regulares é possível construir paredes regulares, e a espessura do revestimento pode ser menor; o gesso aplicado em pasta sobre a parede funciona muito bem nesses casos, inclusive para reduzir custos.

Revestimento aplicado diretamente sobre as paredes com espessura da ordem de 10 mm quase sempre compensa quando o material está disponível na região e também

há mão de obra qualificada para essa finalidade. Nessas condições, é comum encontrar o revestimento de gesso sendo utilizado sobre paredes.

O gesso em pasta adere bem à superfície dos blocos e proporciona um acabamento bem liso, substituindo a tradicional massa corrida aplicada sobre a superfície do reboco ou massa única como preparação para a pintura.

Uma das vantagens mais interessantes do uso de gesso é seu tempo de endurecimento. Em camadas finas, o gesso de pega rápida utilizado nos revestimentos seca rapidamente, liberando a parede para pintura depois de alguns dias.

No Brasil, o revestimento de gesso é normalmente aplicado de forma manual com ajuda de uma desempenadeira, mas existe também o revestimento de gesso projetado, com a utilização de equipamento especial a ar comprimido, o que acelera a produção.

O gesso comum não resiste bem à umidade e seu emprego deve ser evitado em áreas úmidas.

73. PISO PARA CLIMA QUENTE

Há alguma incoerência em usar piso de madeira em uma região de clima quente? Por que a maioria das pessoas opta por pisos frios?

São chamados pisos frios aqueles que transmitem uma sensação de frescor quando tocados. É o caso de pisos de cerâmica e placas de rocha.

Em um mesmo ambiente, sem o efeito de fontes externas ou artificiais de calor, os materiais tendem a ter sua temperatura equilibrada. Nessas condições, se fosse determinada a temperatura de um piso de madeira e outro de cerâmica, ela provavelmente seria a mesma. A sensação de frescor ao tato ocorre na cerâmica, porque o material conduz o calor melhor do que a madeira. Ou seja, é a fuga do calor da parte do corpo em contato com o revestimento que leva a essa percepção.

O fato de o clima quente durar o ano inteiro ou apenas alguns meses pode interferir na escolha, pois a sensação de frescor pode se transformar em algo incômodo quando a temperatura cai.

Os pisos de madeira também podem ser empregados, mas requerem cuidados se o ambiente estiver sujeito à umidade.

Por outro lado, é crescente a preferência pelos pisos laminados de madeira, principalmente nos dormitórios e nas salas de estar. Além de serem de fácil instalação, são cada vez mais resistentes e versáteis.

74. CERÂMICA PARA PISO E PAREDE

Qual a diferença entre placas de piso e placas de parede? Disseram-me que posso usar placas de piso em paredes, mas nunca placas de parede em piso. Isso é verdade?

Embora as temperaturas e os ciclos de queima dos produtos cerâmicos não variem muito em uma linha de produção bem equilibrada – situando-se normalmente em torno dos 1.200°C –, os produtos destinados a revestimentos de piso apresentam sensível diferença, principalmente com relação à obtenção do vidrado final, que protege a superfície exposta. Para obter uma placa de piso com resistência à abrasão superficial, medida na escala PEI de 4 a 5, é necessário reforçar a camada do material que se transforma no vidrado. As placas de uso em paredes não necessitam desse tratamento e por isso seu uso é exclusivo na vertical.

75. PORCELANATO, MÁRMORE OU GRANITO

Penso em usar mármore no revestimento da sala de minha nova casa, mas, diante de tantas opções no mercado, estou indeciso. Gosto de alguns porcelanatos, mas não descarto os granitos nem os mármores. Qual material devo escolher?

As três opções mencionadas podem ser utilizadas, mas existem diferenças a serem consideradas no momento da escolha.

Os mármores no Brasil têm, de modo geral, dureza bem menor que os granitos e, ao longo do tempo, podem apresentar sinais de desgaste nas áreas de maior trânsito, como soleiras de porta e corredores.

Uma possibilidade interessante é combinar esses dois materiais, deixando o granito justamente nessas regiões e o mármore em outras.

As placas de rocha naturais de melhor qualidade normalmente custam mais que a maioria dos porcelanatos e, obviamente, o custo deve ser considerado na escolha. Deve-se comparar, ainda, tamanho e formato das peças na hora de analisar os preços.

No caso das rochas, a preocupação deve ocorrer com a seleção do lote a ser adquirido. Todo material natural apresenta variações em suas características e a quantidade a ser utilizada em uma determinada obra deve ser considerada para evitar variações indesejadas, como de tonalidade, por exemplo.

Se o desejo é ter um piso de tom claro e com brilho reluzente, é bom saber que com o tempo os riscos podem aparecer. No caso dos porcelanatos, os riscos são mais nítidos, porque o material tem constituição mais homogênea que as placas de rocha naturalmente heterogêneas e, por isso, refletem com mais perfeição a luz. Quanto melhor a superfície reflete a luz, mais facilmente os ris-

Revestimento de piso em porcelanato. (foto: Jonas Silvestre Medeiros)

cos podem ser percebidos. Caso seja feita a escolha por porcelanato, pode-se optar pelos tipos fosco ou sem brilho intenso, que podem manter a aparência de novo por mais tempo.

Quanto à técnica de aplicação, isto é, a argamassa de assentamento e rejuntamento, também há diferenças. Existem argamassas específicas para rochas e para porcelanatos. A maior preocupação no caso das rochas é evitar que surjam manchas de umidade.

As argamassas colantes para rochas e porcelanatos de tamanhos grandes também são especiais. Elas evitam que o peso da placa provoque pequenos deslocamentos nas primeiras horas após a instalação, o que deixa diferenças indesejáveis de nível.

Portanto, o correto é ponderar com seu arquiteto a respeito das vantagens e das limitações de cada material para o caso específico, de modo a se tomar a decisão considerando-se custos e benefícios.

76. TIPOS DE PORCELANATO

Qual a diferença entre porcelanato, porcelanato técnico e porcelanato esmaltado ou rústico?

A norma técnica que trata do assunto não faz esse tipo de distinção, e estas são denominações usadas pela indústria. A principal diferença é a presença do vidrado na super-

fície, no caso dos porcelanatos esmaltados ou rústicos. Já no porcelanato, no porcelanato técnico ou não esmaltado, a base e a superfície são compostas pelo mesmo material.

Com a presença do vidrado, a massa porcelânica não precisa ter porosidade muito baixa para evitar mancha e, por isso, os porcelanatos esmaltados têm absorção um pouco mais alta. O vidrado também exige dessas placas observância aos ensaios de resistência à abrasão, conhecida pela classificação PEI, que vai de 1 a 5.

77. ALINHAMENTO DE JUNTAS

Estou colocando piso cerâmico na minha garagem. Nessa área, foi projetado um desenho com uma moldura reta em todo o perímetro e no meio o piso fica na diagonal. Acontece que a parte diagonal ficou bem alinhada, mas no encontro da moldura reta com a diagonal, o espaçamento para o rejunte não ficou bem alinhado e as placas chegam a encostar umas nas outras. O colocador do piso disse que nesse tipo de desenho – moldura reta nos cantos e parte central na diagonal – é impossível manter o alinhamento. Isso é verdade ou é falha do colocador?

Claro que é perfeitamente possível construir um piso cerâmico com as juntas alinhadas. A perfeição desse alinhamento depende da precisão geométrica das placas cerâmicas adquiridas, da precisão com que os cortes foram executados, do uso de espaçadores de juntas e, também, da habilidade do aplicador.

O que o colocador talvez tenha tentado dizer é que as juntas na diagonal não vão dar certo com as juntas das molduras, mas isso não está relacionado a deixar as placas encostando umas nas outras.

O tipo de colocação escolhida implica muitos cortes, aumenta o desperdício de material e exige profissionais cuidadosos, mas confere efeito estético bastante interessante.

Nesse caso, deve ter sido justamente na imprecisão dos cortes que residiu a imperfeição encontrada. Esse tipo de defeito é muito comum, pois dificilmente os assentadores usam ferramentas adequadas para cortar as placas. Para essa finalidade, existem serras diamantadas, montadas em bancadas, que permitem regular com precisão milimétrica os acertos quando os cortadores de vídia não resolvem bem os cortes.

Uma dica interessante é preparar um pequeno trecho antes, para mostrar a qualidade requerida.

78. TAMANHO DO PORCELANATO

Gostaria de saber se no momento da compra do porcelanato devo considerar o tamanho já incluindo a junta de assentamento ou as dimensões exatas da placa? Acho que as placas vieram com tamanhos menores do que está especificado na caixa. O tamanho 30 x 30 cm, por exemplo, veio com dimensões de 29,3 x 29,3 cm e o 30 x 40 cm com 29,7 x 39,7 cm. Será que estou sendo enganado?

As dimensões declaradas nas embalagens são conhecidas como dimensões nominais e servem como referências para calcular a quantidade de placas e permitir a configuração geométrica (paginação) de um determinado ambiente. Por isso, elas incluem a espessura das juntas recomendada pelo fabricante. Além das dimensões nominais, constam da embalagem (ou deveriam constar) as dimensões reais, conhecidas pelos fabricantes como calibre (ver *box* p. 81). De acordo com a classificação dimensional realizada após a fabricação, as placas são enquadradas como sendo de calibre pequeno, médio ou grande. Isso ocorre porque, durante a fabricação, uma placa não fica exatamente igual à outra. Já as placas retificadas têm maior precisão e precisam ser classificadas em apenas de dois calibres: pequeno e médio.

As dimensões reais sempre possuem pequenas variações. É por isso que duas cerâmicas com a mesma

80 | DICAS DE PROJETOS, MATERIAIS E TÉCNICAS

dimensão nominal, de fabricantes diferentes, podem possuir dimensões reais distintas em função das diferenças de calibre que os fabricantes fazem. Assim, um porcelanato de um determinado fabricante que tem calibre pequeno e mede 294,5 x 294,5 mm, com variação de até 0,2 mm para mais ou menos, pode ser vendido como 30 x 30 cm e ter dimensões reais diferentes de outro produto similar que tem calibre médio e dimensões reais de 298,5 x 298,5 mm com a mesma tolerância.

79. PISOS ANTIDERRAPANTES

Gostaria de saber o que são os pisos cerâmicos antiderrapantes e se to-

> ### — DICA TÉCNICA —
> Calibre designa a classificação dos tamanhos das placas e normalmente é definido em pequeno, médio e grande, de acordo com limites estabelecidos pela própria fábrica. Como esses padrões não são previstos pelas normas técnicas, cada produto e cada fábrica podem ter os seus.
> O calibre é importante para a paginação, pois determina na prática quais são as dimensões das juntas de assentamento, em função das dimensões nominais adotadas.

dos os produtos cerâmicos destinados a piso devem ter um selo especial a esse respeito?

Todas as cerâmicas destinadas para piso devem passar pelo teste de atrito. Porém, alguns produtos não alcançam o valor mínimo exigido por norma para serem considerados como antiderrapantes. Os produtos que não alcançam o valor mínimo de 0,40 não podem ser considerados como antiderrapantes.

É possível obter produtos antiderrapantes na fábrica de duas formas: a primeira é fabricando as placas com o que os ceramistas chamam genericamente de "granilha" na superfície. A granilha deixa a superfície rugosa por meio do depósito de pequenos grãos minerais encobertos pelo vidrado (esmalte) ou pela própria massa cerâmica. Esse tipo de efeito pode ser também criado em placas naturais (não esmaltadas) por meio de relevos ou saliências. Na prática, porém, o valor de 0,40 está longe de ser um critério absoluto. Ou seja, em muitas situações o coeficiente de atrito não é suficiente para proporcionar um caminhar seguro, principalmente no piso molhado. O ensaio utilizado também não traduz de modo preciso esse coeficiente, no caso de placas com relevo.

Outros fatores, como dimensão das placas e largura das juntas de assentamento entre elas, também influenciam na segurança. Por exemplo: pastilhas de vidro, que são muito lisas e escorregadias, podem, depois de aplicadas, transformar-se em um revestimento seguro para caminhar por causa da grande quantidade de juntas em relação ao seu pequeno tamanho.

80. PISOS "ATÉRMICOS"

Estou com dúvida sobre o uso de um porcelanato. Trabalho em uma loja de materiais de construção e o cliente perguntou se esses pisos são "atérmicos" e eu não soube responder.

"Atérmicos" seriam os produtos que não transmitem sensação de calor ou de frio quando tocados. Um revestimento de piso "atérmico" seria, então, um que, quando aquecido (ou resfriado), não transmitisse essa sensação em contato com nosso corpo.

Na verdade, não existe revestimento "atérmico" ou antitérmico, pois todos absorvem e transmitem certa quantidade de calor. Cores mais claras absorvem menos, e cores mais escuras absorvem mais calor, por exemplo. Há materiais para pisos externos que retêm melhor a umidade, se aquecem menos e normalmente, por isso, são preferidos.

81. PISO DE GRANITO

O piso de granito de minha casa fica manchado de umidade toda vez que é molhado. Essas manchas diminuem muito pouco com o tempo e em alguns lugares ficaram amareladas. O que está acontecendo? Os granitos são muito porosos?

Na verdade, quase todos os granitos têm baixa porosidade e absorção de água se comparados a outros materiais de revestimento. Não é por isso que eles mancham com a água. As manchas são resultado da passagem de água através de fraturas ou fissuras muito pequenas.

As placas de granito são formadas por diversos minerais que lhes conferem beleza e durabilidade, mas são diferentes entre si. Depois de extraídas e cortadas para serem utilizadas como revestimento, observam-se essas microfissuras, às vezes suficientes para deixar passar pequena quantidade de umidade. A água não evapora com facilidade e a mancha de umidade com tonalidade mais escura permanece.

A água tem contato com as faces das placas ainda durante a obra, seja ela proveniente da argamassa de assentamento, seja do processo de execução.

Para conservar as placas sem essas manchas, é preciso usar argamassas colantes especiais que utilizam pouca água na mistura. Outra medida importante é proteger com material impermeabilizado a parte da placa que entrará em contato com umidade, tanto antes da etapa de assentamento e rejuntamento como após a liberação para uso.

As manchas de tons avermelhados ou amarelados podem ser causadas pela presença de minerais ferrosos, por exemplo, na composição do cimento utilizado na argamassa de assentamento. É por isso que é comum o uso de cimento branco nas fórmulas das argamassas para rocha. Outros produtos químicos utilizados na argamassa podem também causar essas manchas. É por isso que ela precisa ser especialmente formulada para essa finalidade.

82. RESINA PARA ARDÓSIA

Fiquei sabendo de uma resina que deixa o piso mais áspero. Tenho cães em minha casa e meu piso é de ardósia. Será que passando essa resina resolvo o problema de piso liso?

De modo geral, pisos de ardósia tratados ficam lisos, principalmente quando selados com resinas ou vernizes. A placa de ardósia apresenta baixa rugosidade superficial e requer cuidado, principalmente quando úmida, para evitar escorregamentos.

Existem tratamentos para deixar os pisos com características antiderrapantes. São empregados técnicas e materiais especiais, como as resinas poliuretânicas e epoxílicas, que re-

querem especialização para a execução do serviço.

A rugosidade obtida com a aplicação da resina sobre o piso depende do número de demãos, do tipo de resina empregado e das condições superficiais do piso.

No entanto, é preciso lembrar que quanto mais antiderrapante for o piso, maior será a tendência para acumular sujeira. Por isso, a simples limpeza com rodo e pano de chão pode não surtir o efeito desejado.

83. *DECK* DE MADEIRA

Gostaria de saber mais detalhes sobre a construção de um *deck* de madeira ao redor de minha piscina. Que tipo de madeira devo usar e o que é melhor para protegê-la?

A execução de um *deck* de madeira ao redor da piscina traz preocupações estéticas e técnicas. As madeiras empregadas nos *decks* devem oferecer maior durabilidade por ficarem completamente expostas. Espécies como ipê, cumarú, itaúba, maçaranduba e angelim são muito utilizadas.

Seja qual for a escolha, os repetitivos ciclos de secagem e molhagem, associados à radiação ultravioleta, exigem manutenção constante, sendo recomendável proteger a madeira regularmente, pelo menos uma vez por ano.

Para fixar adequadamente as tábuas e evitar manchas de ferrugem, deve-se dar preferência aos parafusos ou pregos de aço inox, latão ou aço galvanizado, nessa ordem.

Quanto ao acabamento, a opção pelo verniz ou por produtos do tipo *stain* (produtos que tingem a madeira, mas não formam película) deve levar em conta a manutenção ao longo do tempo. Caso se opte pelo verniz, será necessário lixar para aplicar novas demãos. Particularmente, o efeito e a proteção do *stain* são aqui recomendados.

Se houver intenção de retirar o *deck* posteriormente, é recomendável construí-lo em partes que possam ser transportadas, mas não leves demais, para evitar deslocamentos acidentais durante o uso. Existe, ainda, a possibilidade de fazer o *deck* ficar móvel, deixando-o apoiado sobre rodízios com travas que deslizem sobre trilhos. Caso não haja a intenção de remover o *deck*, é melhor que ele seja fixado. Nesse caso, deve-se prever a possibilidade de acesso para manutenção.

84. AZULEJO SOBRE AZULEJO

Tenho um velho banheiro em casa que pretendo renovar. Um amigo contou que é possível fazer a reforma sem remover os azulejos antigos, aplicando os novos sobre estes. Essa técnica pode dar certo?

Há algum tempo existem no mercado brasileiro argamassas que permitem a aplicação de azulejo sobre azulejo ou piso sobre piso. Esses materiais evoluíram muito nos últimos anos, e existem produtos específicos e de qualidade para quase todo tipo de aplicação imaginada.

A superfície dos azulejos é, em sua maioria, vidrada (esmaltada) e é preciso que sejam utilizadas argamassas especiais para promover a adesão. Embora sejam à base de cimento, essas argamassas têm maior quantidade de resina sintética, que funciona como adesivo, e por isso conseguem aderir até mesmo ao material vítreo da superfície das placas.

Em todo caso, é preciso tomar alguns cuidados e planejar o trabalho para se obter um resultado final satisfatório.

De início, é recomendável verificar quais as implicações em deixar a área em questão um pouquinho menor, uma vez que a espessura das paredes vai aumentar cerca de 1 cm (soma da espessura da placa cerâmica e da camada de argamassa colante). Isso vai interferir no acabamento das portas (guarnições) e janelas (requadrações) e na posição das canoplas de torneiras, registros e demais acessórios instalados nas paredes. Talvez seja até necessário remover o azulejo existente nessas partes para o acabamento ficar bom.

Além disso, o revestimento existente precisa apresentar condições para suportar o novo. Então, não devem existir fissuras, placas soltas ou qualquer sinal de comprometimento da resistência. Verificar isso requer certa experiência, portanto, solicite auxílio a um técnico no assunto.

Deve-se pedir para que seja mantida uma folga de 5 mm entre o novo revestimento da parede e o revestimento do piso. Isso ajuda na dilatação e contração, impondo menor restrição.

85. PISO SOBRE PISO

Quero reformar o piso de minha cozinha, assentando sobre o piso antigo pastilhas de vidro, e gostaria de saber se isso é possível. Como se trata de uma área onde é necessária a limpeza constante, com o tempo as pastilhas correm o risco de descolar?

As pastilhas de porcelana e de vidro exigem argamassas específicas para seu assentamento. Elas praticamente não têm porosidade e, por isso, argamassas apenas com cimento não são suficientes para garantir a aderência necessária. Situação semelhante ocorre quando se quer assentar um piso novo sobre um piso cerâmico existente.

Já existem produtos no mercado próprios para as duas finalidades.

São argamassas colantes com adesivos que devem atender às duas necessidades: assentamento de placa cerâmica sobre placa cerâmica e assentamento de pastilhas. Contudo, é importante esclarecer outros pontos.

O piso existente precisa ter condições de receber o novo piso, oferecendo boa aderência e resistência mecânica. A superfície deve ainda estar bem limpa, sem gorduras e pó, para não prejudicar a adesão da argamassa colante.

Outro ponto importante é como vai ficar o nível do novo piso, assentado sobre o existente. Se o desnível entre o banheiro e o quarto e entre a cozinha e a sala não existir ou não for suficiente – o que é mais provável –, o piso das áreas molhadas pode ficar mais alto e serão necessárias soleiras mais altas. Por isso, é provável que novas soleiras precisem ser instaladas (as mais comuns são as de granito) e que seja necessário cortar as folhas das portas.

86. MADEIRA E GRANITO JUNTOS

Instalei tábua corrida no piso da sala. As tábuas são largas e no perímetro usamos uma moldura de granito. Poucos meses depois, porém, as tábuas começaram a estufar. Elas foram coladas no contrapiso de argamassa de cimento e areia, mas parte do contrapiso levantou junto.

Fui obrigado a refazer todo o piso e contrapiso, mas estufou novamente. Dinheiro jogado fora! O que será que está acontecendo?

É muito difícil um piso de madeira natural funcionar bem quando colado a um contrapiso de argamassa. Apesar de o contrapiso ter uma composição com bastante cimento (normalmente, a proporção em volume é de uma parte de cimento para três partes de areia), ele deve ter pouca água na mistura (chama-se essa consistência seca de "farofa") para permitir a compactação e um bom nivelamento. Assim, a resistência do contrapiso acaba não sendo suficiente para suportar as movimentações da madeira natural colada em sua superfície.

Para dotar o contrapiso de maior resistência na superfície, costuma-se "queimá-lo". A técnica consiste em aplicar uma camada extra de cimento sobre o contrapiso ainda fresco (úmido) e fazer o desempenamento com desempenadeira de aço para se obter uma superfície mais dura, lisa, resistente e melhor para colagem.

Entretanto, o método mais recomendável para a fixação das tábuas corridas para revestimento de piso é por meio de parafusos em barrotes também de madeira. Os barrotes devem ter seção transversal trapezoidal, ser de madeira seca e de

boa qualidade, impermeabilizados e chumbados no contrapiso. A seção trapezoidal do barrote forma uma espécie de cunha no sentido contrário ao arrancamento do contrapiso, e é por isso que ele não se solta. O espaçamento entre barrotes é normalmente de 30 cm.

A tábua precisa ter espessura mínima de 20 mm para ficar bem fixada com parafusos e buchas.

O uso combinado de materiais de revestimento de características bem diferentes requer cuidado. No caso, deve-se assentar primeiro o granito sobre o contrapiso nivelado de acordo com a altura das tábuas. Se o granito estiver "calibrado", ou seja, com espessura pouco variável (até 2 mm entre uma placa e outra), a melhor forma de assentá-lo é com argamassa colante própria para granito. Há vários produtos no mercado para essa finalidade.

As tábuas só devem ser fixadas após a secagem completa do contrapiso com os barrotes chumbados, o que leva de 3 a 5 semanas, dependendo da ventilação, umidade e temperatura no local.

Será necessário deixar uma junta de controle entre a moldura de granito e a tábua próxima. Existem perfis próprios para conferir um bom acabamento a essa transição. Caso não sejam encontrados, deve ser deixado um espaço de 3 mm a ser preenchido com selante acrílico próprio para essa finalidade.

Para minimizar o ruído ao andar, pode-se instalar manta acústica entre as tábuas e o contrapiso.

87. PISO QUE MANCHA

Coloquei piso cerâmico de cor clara na área de lazer. Como há passagem por área com terra, as pessoas transitam e deixam marcas difíceis de tirar do piso. Existe algum material de impermeabilização ou outra coisa que facilite a limpeza desse piso?

Se a placa cerâmica usada tem coeficiente de atrito próprio, é provável que ela tenha sofrido algum tratamento superficial para evitar escorregamento. Isso pode permitir o acúmulo de sujidades e provocar manchas mais difíceis de sair com uma limpeza comum.

O coeficiente de atrito representa a capacidade que o piso tem de evitar os indesejáveis escorregões, particularmente quando está molhado. De maneira geral, pisos com coeficientes superiores a 0,4 são satisfatórios para instalações normais (residências, edifícios, lojas). Coeficientes de atrito superiores são recomendados para ambientes muito específicos, onde se requeira maior resistência ao escorregamento, como em rampas e *decks* de piscinas.

O que acontece, entretanto, é que esses tipos de cerâmica são mais ásperos, ou porque possuem textura formada por pequenos grânulos ou porque apresentam relevo. Assim, apesar do aspecto positivo de evitar escorregamento, eles apresentam o inconveniente de reter também maior quantidade de sujeira, por vezes difícil de remover.

Como se trata de sujidade normal de residência, o melhor jeito de tirá-la é com o uso de escovas e produtos químicos domésticos. O uso de vassouras de cerdas duras e escovas de mão pode ajudar.

Existem no mercado produtos específicos para a limpeza de revestimentos cerâmicos que são baseados em agentes ácidos. Sua utilização, embora possível, não é recomendada como uma rotina, pois pode danificar partes metálicas e atacar definitivamente o rejuntamento. Caso se opte por utilizá-los, devem ser seguidas as orientações do fabricante e deve-se encharcar o piso com água limpa antes de sua aplicação. Isso serve para que as partes porosas fiquem saturadas previamente e absorvam menor quantidade do produto químico.

88. MADEIRA COM MÁRMORE

Em uma revista de decoração, vi uma sala com piso de madeira e mármore juntos. Gostaria de saber se há lugares especializados na colocação desse tipo de piso, pois achei complicado.

Executar pisos com materiais diferentes requer mesmo mais cuidados. Tais cuidados vão desde a escolha dos materiais até a limpeza final, de modo a fazer com que a combinação funcione bem. No caso de piso com molduras ou quadros de tábua corrida e o resto com placas pétreas, as tábuas funcionam como guias e é possível obter bom acabamento e juntas de espessuras mais uniformes. A madeira usada deve ser de boa qualidade, resistente a insetos e seca em estufa. O uso de madeira com teores mais altos de umidade pode provocar empenamentos indesejados posteriormente.

Existem empresas especializadas na colocação de pisos residenciais. É possível, também, encontrar assentadores experientes, mas é melhor obter indicação pessoal do arquiteto ou engenheiro de sua confiança. Eles devem indicar alguém que já viram trabalhar e de quem conhecem o serviço. De qualquer modo, recomenda-se elaborar um projeto específico (desenhos e especificações) para definir exatamente o que se deseja, como espessuras de juntas, posição de cortes, tipos de soleiras e posicionamento das placas e tábuas. Desse modo, há menos chances para improvisações.

Outra dica importante diz respeito à espessura das tábuas e placas. Compatibilizá-las pode facilitar a execução. Se as tábuas tiverem 20 mm de espessura, pode-se ver a possibilidade de obter placas de mármore com 15 mm, pois os 5 mm restantes serão usados para o assentamento com argamassa colante. Hoje em dia, é possível adquirir placas mais finas com espessuras constantes e cortadas com precisão, o que facilita a execução desse tipo de serviço. Mas atenção: alguns tipos de mármore mais porosos têm resistência mecânica baixa e ficam sujeitos a manchas e a quebras durante o assentamento se a espessura e o tamanho das placas não forem compatíveis.

Para o rejuntamento, devem ser escolhidos produtos com maior aderência e capacidade de deformação próprias para suportar as movimentações que sempre ocorrem.

É recomendado, ainda, que o piso não encoste completamente nas paredes, deixando ali uma pequena folga que permita acomodar as movimentações. Essa folga será coberta pelo rodapé.

89. PISO PARA CÃES

Em meu apartamento, tenho um cão de pequeno porte. Que material é resistente e de fácil manutenção para que ele transite sem problemas pelo interior dos ambientes? Será que posso usar porcelanato ou mesmo laminado de madeira?

O piso do apartamento onde moro é revestido com placas cerâmicas vidradas (esmaltadas) e nos dormitórios há laminado de madeira. Também crio um cão há vários anos e ambos os revestimentos apresentaram desempenho satisfatório até o momento. Isso responde em parte à pergunta, mas acho importante contar os cuidados que tenho mantido desde a instalação.

Quando escolhi o piso, os porcelanatos ainda não tinham preço acessível e optei por placas cerâmicas convencionais vidradas. Na época, escolhi placas com classificação de resistência à abrasão PEI 4 e o piso se encontra praticamente como se estivesse novo. É feita a limpeza diária com detergente neutro, desinfetante e água; e, uma vez por ano, escovo o rejunte das juntas. Nada mais.

Com o piso laminado a situação não é muito diferente. Há, obviamente, o cuidado de evitar contato direto com a água ou umidade excessiva.

O porcelanato é uma placa cerâmica de alto desempenho e, como tal, pode ser utilizado nessa situação. Contudo, deve-se evitar as versões com acabamento polido ou mesmo acetinado para evitar riscos e perda de brilho. Opte pelos foscos, naturais ou vidrados, mas que apresentem boa limpabilidade.

90. LADRILHO HIDRÁULICO

Tenho ladrilhos em casa e gostaria de utilizá-los em composição com um piso de cimento queimado. Eles estão cobertos por restos de cimento e bastante sujos. Há alguma forma de recuperá-los através de lixamento e impermeabilização?

Os ladrilhos hidráulicos são feitos de cimento, areia e pigmentos de diversos tipos. Pode-se obter sucesso limpando as manchas, mas isso depende muito do tipo de sujeira impregnada.

Essas placas têm porosidade relativamente elevada e, em caso de contaminação com materiais gordurosos e óleos, a remoção não é possível.

Se as sujidades forem apenas restos de cimento, pode-se usar espátula e depois lixar a superfície com lixa grossa seguida de fina.

Testes devem ser feitos em uma placa para observar os resultados obtidos e verificar se não é mais prático e econômico comprar novos ladrilhos em vez de restaurá-los. Depois de pronto, esse revestimento pode ser protegido com produtos hidrofugantes.

Foto: Jonas Silvestre Medeiros

CAPÍTULO

12

DEFEITOS COMUNS, REPAROS E REFORMAS SIMPLES

CONSTRUIR não é uma tarefa tão simples como às vezes parece. É necessário fazer com que um intrincado conjunto de itens funcione no mesmo local para cumprir funções distintas e de forma harmoniosa. Para que isso aconteça, muitas habilidades humanas são exigidas. Normalmente, elas são organizadas em três partes: projeto, planejamento e execução. Qualquer descompasso em uma dessas partes pode gerar problemas.

No âmbito da construção tradicional, tratada aqui, normalmente é dada à execução um *status* de maior importância, não somente por atrair a maior quantidade de recursos financeiros, mas também por materializar de fato o produto final.

Quando o mercado está aquecido e há falta de mão de obra qualificada para construir, por exemplo, a execução muitas vezes perde qualidade e os defeitos da obra aparecem com maior intensidade e frequência. Neste capítulo, serão tratados alguns desses defeitos e a maneira de corrigi-los.

91. TRINCAS NA LAJE

Apareceram trincas na laje de cobertura de minha residência. As trincas são paralelas entre si e não sei quando surgiram, pois já comprei a casa assim. Como posso eliminá-las e ficar tranquilo?

Muito provavelmente, a laje dessa casa foi construída com vigotas pré-fabricadas e que se apoiam de um lado a outro do vão. Quando as vigotas se movimentam mais do que o esperado, fissuras podem ocorrer. Caso as trincas sejam de pequena abertura e estejam no mesmo sentido das vigotas, é provável que não haja riscos maiores; ainda assim, a opinião de um engenheiro é muito importante.

As trincas devem ser corrigidas não somente porque trazem desconforto psicológico, mas também porque permitem a entrada de agentes nocivos para a durabilidade da estrutura e, em médio prazo, comprometem a estabilidade do revestimento.

Para corrigir esse problema, deve-se reparar o revestimento de argamassa que está aplicado sobre a estrutura. Existem duas maneiras de fazer isso. A primeira é usando um reforço com tela metálica eletrossoldada galvanizada no revestimento. A segunda é utilizar membranas de resina reforçadas com véu de poliéster, que suportem a movimentação das trincas.

92. FERRUGEM DOS FERROS DAS PILASTRAS

Tenho uma casa construída próxima ao mar, onde as pilastras são bastante resistentes e superiores ao peso que sustentam. Contudo, o ferro está "apodrecendo" e "quebrando o cimento". Qual a solução existente para esse problema?

Na região dessa casa, construída na orla, existe uma névoa carregada de sais que são fortes agentes de agressão para as estruturas de con-

creto e provocam corrosão nas armaduras de pilares, vigas e lajes.

Os projetos de estrutura nesses ambientes requerem atenção específica. Vários cuidados precisam ser tomados para evitar problemas também durante a execução propriamente dita. A qualidade do concreto que protege o aço contra corrosão, as espessuras de recobrimento, os revestimentos existentes, as técnicas de execução e os critérios de manutenção devem ser considerados.

Para resolver esse problema, é preciso a presença de um técnico para avaliar com cuidado as reais condições existentes no local. No caso em questão, já deve ser necessário executar reparos estruturais. Existem técnicas e produtos específicos a serem usados em situações como essa. O investimento em uma recuperação benfeita deve evitar novas intervenções a curto prazo e prolongará a vida útil da residência.

93. REFORMA COM *DRY WALL*

Acabei de comprar um apartamento que está em construção e as paredes internas são em *dry wall*. Estou pensando em aproveitar a facilidade do *dry wall* e alterar o arranjo dos quartos, movendo duas paredes de lugar. Pergunto: fazer isso com *dry wall* é mais barato do que com alvenaria convencional?

Fazer a reforma com *dry wall* é mais fácil, mais rápido e gera menos desperdício e, por esses motivos, torna-se mais econômico.

Há uma forte tradição no Brasil no uso de alvenaria de tijolos e blocos cerâmicos e leva-se tempo para se aceitar o emprego de alternativas, mesmo as já consagradas em outros países.

O *dry wall* é conhecido por esse nome porque sua construção é a seco, não requer água, não usa argamassa nem outros materiais preparados em obra. Ele é construído com perfis metálicos e chapas de gesso acartonado, o que o torna leve e fácil de ser montado.

O que mais causa estranhamento, para quem está acostumado com a alvenaria, é o fato de ele apresentar um som cavo quando percutido. Na alvenaria, o som dá uma sensação de maior solidez, principalmente quando a parede é revestida com argamassa. A fixação de prateleiras, móveis e outros objetos mais pesados requer reforços próprios previstos na época da instalação do *dry wall*.

Por outro lado, é preciso tomar alguns cuidados quanto a possíveis modificações no arranjo físico das divisórias. Nas áreas úmidas, é melhor evitar modificações. Elas devem estar impermeabilizadas e a camada de impermeabilização que vem pelo piso deve subir nas divisórias. Nessas áreas, as divisórias são especiais. O cartão usado nos painéis de gesso é tratado especialmente para resistir à umidade, por isso apresenta uma cor verde.

94. PINTURA SOBRE AZULEJO

Será que é possível pintar diretamente sobre um revestimento de azulejos? Preciso renovar minha cozinha, mas não quero trocá-los.

É possível, mas alguns cuidados devem ser tomados. Se o desejo é que as juntas entre os azulejos não apareçam, será necessário fazer uma regularização prévia de toda a superfície com massa corrida acrílica. Deve-se aplicar a massa sobre a superfície bem limpa e esperar secar bem. Para cobrir as juntas entre as placas será necessário mais material e pode ocorrer leve retração (diminuição de volume) no local. Será preciso, dessa forma, aplicar nova camada, certificando-se da planicidade.

O desempenho de uma parede com pintura, por melhor que ela seja, é diferente de um revestimento com placas cerâmicas. A cerâmica vidrada (esmaltada) resiste melhor às sujidades e permite limpeza mais fácil que a pintura. Mesmo com a pintura acrílica e lavável será preciso mudar os cuidados na limpeza das paredes.

O tempo de renovação da pintura também será menor.

95. LIMPEZA DE REJUNTE

Na sala de meu apartamento, há porcelanato polido e o rejunte utilizado apresenta-se bem sujo, apesar do pouco tempo de uso. A limpeza precisa ser constante e estou tendo muito trabalho com isso. Existe algum produto que facilite minha vida? Ou seria o caso de trocar o rejunte por outro que suje menos?

Quando as manchas são apenas superficiais, a remoção é mais simples e a escovação com detergente e água pode dar bom resultado. Manchas profundas dificilmente têm solução.

Há detergentes especiais para a limpeza de rejuntes cimentícios. Fazer um teste prévio em um local restrito é recomendável.

O rejunte pode ter ficado muito poroso, após sua aplicação, o que explicaria o excesso de sujeira e a rapidez com que ela se acumula. Isso pode ocorrer, por exemplo, em virtude do uso de produtos ácidos na limpeza pós-obra do piso. O mesmo produto que retira restos de produtos à base de cimento também ataca o rejunte e pode deixá-lo mais poroso.

Já há, no mercado, rejuntes de melhor desempenho e os fabricantes prometem resistência às manchas e ao crescimento de fungos.

Entre eles, podem ser citados os de base epóxi.

A troca de rejunte, por sua vez, não é uma operação muito fácil. Com frisadores próprios, o material pode ser retirado, mas é difícil evitar danos às bordas das placas, principalmente se forem porcelanatos retificados.

96. TROCA DE AZULEJOS

Pretendo trocar o revestimento cerâmico do banheiro e gostaria de saber se é obrigatório refazer o forro de gesso existente no local.

Para se obter um bom acabamento, o forro de gesso normalmente sobrepõe o revestimento. Se existir um rebaixo no encontro entre o forro e o revestimento da parede, a troca fica facilitada.

No caso de renovação do revestimento aplicando um novo sobre o existente, pode-se utilizar uma sanca de gesso para arrematar o encontro novamente.

Outros detalhes precisam ser previstos, pois a posição da face do revestimento avançará cerca de 1 cm e os ajustes nas canoplas dos registros e guarnições (alizares) das portas serão inevitáveis.

Para trocar as placas remarcando-as, deve-se usar uma serra e executar cortes diagonais. Após a remoção de algumas placas, a retirada das demais fica facilitada.

Sequência para remoção e troca de azulejo.

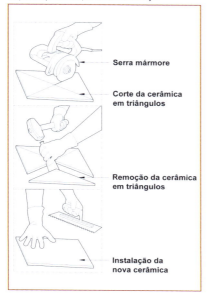

- Serra mármore
- Corte da cerâmica em triângulos
- Remoção da cerâmica em triângulos
- Instalação da nova cerâmica

97. REMOÇÃO DE UMA COLUNA

Comprei uma casa usada e estou fazendo reforma. Há uma coluna no andar inferior que ficou atrapalhando o novo cômodo criado com a retirada de uma parede. É possível remover a coluna sem correr riscos ou ter problemas, como trincas, no andar de cima?

Em construção, quase tudo é possível, mas nem tudo convém ou é viável.

Para remover uma coluna, certamente haverá a necessidade de fazer reforços em outras partes da estrutura que ficarão mais sobrecarregadas e, eventualmente, até nas fundações.

A primeira providência a ser tomada é contratar um engenheiro civil especializado para fazer uma avaliação cuidadosa do imóvel. Ele deve verificar o estado geral da estrutura e da fundação e fazer prospecção para checar vigas e pilares, principalmente se não for possível conferir o tipo de concreto e as armaduras especificadas no projeto estrutural.

A remoção da coluna ou do pilar vai implicar o rearranjo dos elementos da estrutura. A ausência de uma determinada coluna pode aumentar a seção e a armadura de vigas e pilares vizinhos. Se isso não for feito com critério, os riscos serão sérios.

98. PISO DESCOLANDO

Recentemente, vi um imóvel que me interessou bastante. Entretanto, uma coisa me deixou intrigada: o piso da sala e da garagem está abobadado. Não encontrei qualquer outro defeito aparente nas paredes, como rachaduras e sinais de umidade. Será que este é um problema estrutural ou de piso malfeito?

Para responder, é preciso considerar, primeiramente, que esse imóvel seja uma casa térrea.

Se nos outros ambientes os revestimentos de piso continuam bem aderidos, o problema deve estar restrito ao piso. No caso de casas térreas, o mais comum é que o contrapiso seja construído sobre um lastro de concreto, produzido com um concreto mais "magro" (menos "argamassado") e sem armadura de aço.

A explicação mais lógica para o problema ocorrido deve estar relacionada à movimentação do piso, que deve ter se descolado do contrapiso. Isso normalmente acontece por falha de aplicação ou por erro na especificação dos materiais utilizados.

Se a casa for mesmo térrea, não deve haver relação direta entre o que ocorreu e a eventual existência de problema estrutural. Contudo, somente a avaliação de um técnico com experiência pode revelar o estado em que se encontra a estrutura do imóvel.

A solução para resolver o problema inclui a remoção completa da camada solta e sua reexecução, desta vez preparando-se bem a superfície da base para promover uma boa aderência do contrapiso e esperando-se os prazos necessários.

99. FINALIZAÇÃO DO MURO

Utilizei tijolos cerâmicos para construir o muro de contorno de minha casa. Esses tijolos foram deixados aparentes, mas muito sujos de argamassa. Será que existe alguma maneira de remover esses restos de argamassa e deixar os tijolos limpos como eu gostaria?

A maneira mais interessante de limpar os tijolos que ficam com restos de argamassa, após o assentamento, é usar uma parte do próprio tijolo e friccioná-la sobre a superfície dos demais. Isso funciona bem quando os tijolos são prensados. Resultado semelhante pode ser obtido com o uso de lixa (primeiro, lixa nº 50 e, depois, lixa nº 100).

Na prática, ao esfregar um tijolo contra o outro se produz um atrito que remove a camada superficial de ambos, já que a dureza é igual. Removendo-se essa fina camada, removem-se também os restos de argamassa que ficaram aderidos superficialmente.

Esse procedimento não deve ser repetido várias vezes – apenas uma fina camada é retirada com o atrito – para não danificar a superfície dos tijolos. É justamente a superfície mais bem queimada no processo de fabricação que confere ao tijolo mais resistência contra intempéries.

O correto é utilizar esse procedimento algum tempo após o assentamento dos tijolos, quando a argamassa de assentamento completar seu processo de secagem inicial, depois de alguns dias. Quanto mais treinada for a mão de obra para a execução da alvenaria de tijolos aparentes, menos será a quantidade de restos de argamassa na superfície exposta dos tijolos e, por conseguinte, mais fácil será o acabamento superficial.

De qualquer forma, é recomendável, após o lixamento e a limpeza com água, a proteção da parede com hidrofugante de base mineral.

100. TRINCA NA PAREDE

Estou intrigado com uma trinca que apareceu na parede da sala do meu apartamento. Já tentei consertá-la várias vezes, mas ela sempre volta. Por que isso acontece? Como posso resolver isso?

As fissuras são manifestações comuns nas construções e têm origem nos mecanismos de alívio de tensões internas dos materiais. Ou seja, quando uma força é aplicada, o material existente resiste até um dado momento em que a tensão gerada pela força é superior à sua resistência. Portanto, fissuras ou trincas são avisos de que algo não vai bem.

É por isso, por exemplo, que os materiais mais frágeis, isto é, aqueles que não conseguem se deformar bem quando submetidos a uma determinada força, são combinados com outros que têm comportamento mais deformável ou que apresentam maior resistência. Isso acontece com o concreto e com o aço no concreto armado, de uma maneira tão interessante que permitiu revolucionar a construção nos últimos cem anos.

Existe outra maneira clássica de controlar o aparecimento de fissuras, além de inserir reforço na quantidade e posição certa: usar juntas de movimentação. As juntas são espaços vazios que ajudam os materiais a se contraírem e expandirem sem fissurarem ou romperem. Assim, pode-se entender que o segredos neste caso é equilibrar resistência, reforços e juntas na quantidade e posição certas. Isso requer conhecimento técnico específico e muita prática.

No caso da parede de alvenaria revestida, deve-se verificar inicialmente a existência de uma viga e de pilares de concreto armado por trás do emboço.

Se não existir uma estrutura de concreto na edificação em questão, é provável que a parede suporte a laje e/ou o telhado, mesmo que não tenha sido construída para isso. A fissura na parede passaria, então, a ter conotação estrutural e precisaria ser mais bem avaliada.

Uma vez eliminada essa possibilidade, a fissura da alvenaria pode ser corrigida apenas para efeito de evitar infiltração de água e para efeito estético.

Existem, nesses casos, dois tipos de fissuras clássicas: as chamadas fissuras de retração do emboço e as fissuras de alvenaria propriamente dita.

As fissuras de retração, como o nome diz, são causadas pela diminuição de volume da argamassa do emboço durante o processo de secagem, iniciado a partir do momento em que ele é aplicado. Essas fissuras apresentam pequenas aberturas (menores que 0,5 mm) e praticamente não se movimentam.

Já as fissuras de alvenaria são mais ativas, tenham elas surgido no encontro da parede com o elemento da estrutura — vertical entre a parede e o pilar ou horizontal, entre a parede e o fundo da viga — ou em outra posição, como as que ocorrem no canto inferior das janelas, por exemplo.

Essas fissuras são mais abertas (mais de 1 mm), atravessam invariavelmente o emboço e a pintura, são mais compridas e têm uma direção bem determinada.

A seguir, apresenta-se uma sequência de etapas para o reparo de fissura interna em uma parede de alvenaria revestida com emboço de argamassa e pintura:

1. identificar com clareza a posição de todas as fissuras;

2. demarcar faixas laterais com 25 cm de largura centralizadas no eixo da fissura;

3. rebaixar 5 mm toda a faixa demarcada;

4. colar fita plástica de 5 cm de largura sobre toda a fissura;

5. colar uma faixa de 20 cm de largura de não tecido (véu) de poliés-

Reparo de uma fissura na parede.

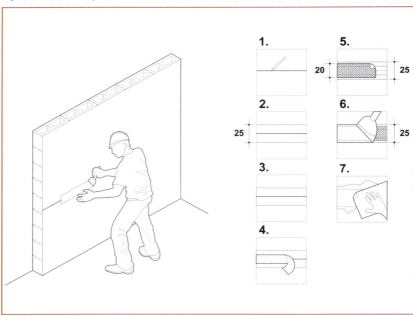

ter com uma mistura de uma parte de adesivo PVAc (acetato de polivinila para uso na construção) e duas partes de massa corrida de boa qualidade;

6. aplicar sobre o véu já seco mais duas camadas da mistura acima, em camadas finas de até 2 mm de espessura cada uma; após a secagem das camadas anteriores, aplicar a última camada de massa corrida pura;

7. após secagem completa, lixar, aplicar fundo preparador e pintar.

O método acima está sujeito a ajustes, em função das condições existentes no local, e requer mão de obra treinada.

Como se trata de um reparo, deve-se usar tinta de cor neutra e sem brilho para evitar que, sob a incidência de luz, a área do reparo seja notada.

101. DICAS PARA RENOVAR RAPIDAMENTE E GASTAR POUCO

Renovar cores, iluminação e objetos de decoração pode mudar muito a aparência do ambiente, renová-lo e resgatar a sensação de morar bem sem trocar de casa. Modificações na posição de paredes e mesmo a abertura de uma simples passagem entre dois ambientes podem ter um poder de mudança muito maior que o esperado, melhorando o conforto e o bem-estar.

Para entender bem essas possibilidades, resolvi, eu mesmo, fazer uma pequena reforma em meu apartamento. Pretendia criar um ambiente mais jovial, mas queria gastar pouco, ser rápido e evitar mudanças radicais.

Uma das possibilidades definidas foi fazer uma abertura entre a sala e a cozinha. Se for esse o seu caso, avalie se a fumaça do fogão e a perda da área de armário não vão trazer transtornos. Na maioria das situações, a abertura não traz grandes problemas para a parede quando existe uma estrutura de concreto no local. No caso de a estrutura ser feita de alvenaria, a parede precisará estar previamente preparada para essa finalidade.

A partir da ideia de abrir o passa-prato, convidei uma amiga arquiteta experiente em projetos de interiores para opinar. Ela sugeriu mudanças na cozinha, e resolvi trocar o fogão e instalar uma boa coifa. Aproveitei a reforma para renovar os armários também. Com um projeto simples em mãos, encomendei logo os armários, para o prazo não se alongar. Escolhemos juntos as novas cores, fazendo testes em trechos brancos de parede. A visão de um trecho da parede para confirmar a cor desejada, tanto durante o dia como também à noite, ajudou bastante. No plano de renovação da pintura, estava também a remoção das tintas das portas e batentes, pintadas havia quinze anos. Isso se tornaria, depois, a parte mais difícil, por causa do mau estado da madeira e das várias tentativas de se chegar à tonalidade desejada com o marceneiro.

Para promover uma renovação técnica, tomei a decisão de incluir na reforma a troca das tomadas para o novo padrão brasileiro e substituí a fiação, incluindo o aterramento da rede, que não existia no projeto original. Por fim, investi em dois itens de valor mais alto: metais sanitários (torneiras, registros, mangotes flexíveis e sifões), maçanetas e fechaduras. Além de o apartamento demandar uma manutenção corretiva mais onerosa, isso completou muito bem a renovação que desejava.

Contratei um pintor, um marceneiro e um técnico em instalações, com uma pequena equipe de ajudantes. A reforma durou trinta dias e ficou dentro do planejado. Acompanhei diariamente as atividades, orientando cada item pessoalmente, e eu mesmo fiz as compras dos itens depois de alguns orçamentos em lojas especializadas. Final feliz.

PARA CONTRIBUIÇÕES, NOVAS PERGUNTAS E COMENTÁRIOS, ESCREVA PARA:

PERGUNTAS@CONSTRUBOOK.COM.BR

ÍNDICE REMISSIVO

A

abrasão superficial 77

acidentes 28

ácidos 94

água(s)

  da chuva 47, 57, 66

  da infiltração 65

  pluviais 23

alizares 53, 94

altura da chaminé 46

alvenaria 1, 26, 37, 66

  de tijolos 93

  de blocos 33

  estrutura 29

alvenaria estrutural 26, 30

antiderrapante 81, 83

ar-condicionado 5

áreas molhadas 85

argamassa(s) 1, 12, 33, 37, 79

  de assentamento 79, 83

  de rejuntamento 79

  industrializadas 36

armadura de aço 96

arquiteto 11, 38

arte 9

ascensão capilar 60

aspirador de superfície 46

azulejos 76

B

balanços 26

banheiras 47

barreira dupla 62

barrotes 86

bate-estaca 28

batentes 52

blocos 1, 29

  aparentes 37

  cerâmicos 12, 34, 93

  de concreto 29, 42

  celular 34

  de vidro 36

  estruturais 24, 29

  silico-calcários 34

C

cabos elétricos 44

caibros 69

caixas sifonadas 45

cal 12

calibre 81

capilares 62

capilaridade 62

cargas de vento 42

cerâmica 1, 77

chaminés 70

chapa de aço galvanizada 39, 57

chapisco 66

chuvas com vento 67

Códigos de Obras e Edificações 14

coeficiente de atrito 87

colchão de ar 71

coluna 95

concreto 96

  armado 12, 19, 26, 29

  magro 96

condução 17

conforto

  acústico 38

  térmico 71, 72, 73

contenções 65

contramarco 52, 57

contrapiso 15, 53, 60, 95

  de argamassa 86

convecção 17

corrosão 28

cozinha 99

cumeeira 70

cura do concreto 29

D

deck

  de madeira 83

  de piscinas 87

desempenadeira 60

  de aço 86

desperdício 5

dilatação 64

divisórias de gesso acartonado 33

drenagem 16

  do terreno 59

dry wall 33, 38, 93

durabilidade 26, 28, 73

E

efeito de sucção 70

eflorescência 59

eletrodutos 41

emboço 66

empuxos do solo 24

energia elétrica 45

engenheiro 38

  civil 12, 28, 95

escorregamento, 83, 87

espaçadores 36

espuma

  de polietileno 49

  de poliuretano 52

esquadrias 58

  de PVC 51, 54

estacas 22

  de concreto 28

estanqueidade 66, 67

estrutura(s)

  de concreto 25, 92, 99

  de madeira 19, 26, 68

F

fecho hídrico 45
fissuras 28, 40, 42, 62, 91, 97
  alvenaria 98
  de retração 97
forro(s)
  de gesso 94
  acústicos 38
fundação 12, 21, 31

G

gabarito 53
geotêxtil 23, 60, 61
gesso 38, 76
  acartonado 34, 38
  comum 76
  projetado 76
granilha 81
granitos 78
guarnições 53, 94

H

Habite-se 14
hidrofugante 89, 97

I

iluminação 5
impermeabilização 16, 17, 36, 59, 60,
      62, 63, 67, 93
  das telhas 68
  de paredes 61
industrialização 33
infiltração de água 16, 55
Inmetro 44
instalações 76

elétricas 14, 44, 76
  hidráulicas 59, 76
isolamento 15
  acústico 15
  sonoro 18
  térmico 16, 19, 49

J

janelas e portas 51
junta a prumo 36
juntas 97
  alinhadas 79
  de movimentação 42

L

ladrilhos hidráulicos 89
laje
  de cobertura 64, 67
  de concreto 38
lajotas 15
laminado 51
  de madeira 89
lã mineral 16
lareira 47
lastro de concreto 96
lençol plástico 62
limpeza pós-obra 94
lixa 96
lixamento 97

M

madeira 73
madeiramento 71
mancha(s) 89
  de umidade 82
mantas 63

asfáltica 63

acústicas 16

manutenção 26, 75

mão de obra 1, 5, 10, 26, 40

maresia 28

mármores 78

massa

corrida 75, 76, 93

única 66

materiais 1, 2, 10

microfissuras 82

montagem a seco 33

muro

duplo 24

de divisa 42

N

normas técnicas 30

P

paginação 80

painéis de gesso 39

parede(s)

alvenaria 97

contíguas 26

de blocos 31

de contenção 23

divisória 38

dupla 41, 62

pintada 75

passagem de água 62, 65

pasta 76

pastilhas

de porcelana 85

de vidro 82

pau a pique 1

pé-direito 19

pedreiros 1

PEI 77, 79

perda de calor 48

perfis metálicos 24, 28

pilares 29

de concreto armado 97

pingadeira 55, 57

pintura 56, 75, 76, 93

piscina em concreto 17

piso(s) 16

atérmico 82

cerâmico 85

de ardósia 83

de madeira 77, 86

frio 16

laminado 15, 89

placa(s)

cerâmica 80, 89, 93

de granito 82

de rochas 53

planicidade 93

platibandas 57

policarbonato 72

porcelanato(s) 16, 79, 89, 94

esmaltados 79

portas e batentes 99

pressão interna 43

projeto 5, 6, 9, 10

de arquitetura 13

propagação do ruído 16

PVC 51

Q

qualidade do concreto 29

R

rachaduras 28
radiação 17
radier 22
ralos sifonados 45
recobrimento 28
rede de drenagem 23, 60, 61, 62
redes 43
  de água 43
  elétrica 43
  esgoto 43
  ventilação 43
rejuntamento 88
rejunte(s) 94
  cimentícios 94
renovação da pintura 99
resistência à abrasão 89
retração hidráulica 40
revestimento 1, 37, 76, 75
  antiderrapante 17
  convencionais 37
  da parede 94
  de argamassa 66
  de piso 77
rocha(s) 1, 16
  naturais 78
rodapés 36
rufos metálicos 57
rugosidade superficial 83

S

sanca de gesso 94
sapatas 22

segurança 82
seladoras 54
shafts 41
sistema
  construtivo 12
  de aquecimento 16
solos argilosos 22
sondagem 21, 65
subcobertura 19, 65, 72
sucção da água 58
sujidades 68, 87, 89
sustentabilidade 5
sustentável 5

T

taipa 1
talude 65
  natural 23
técnicas 2
  de construção 1
  tradicionais 2
tecnologias 2
tela metálica eletrossoldada 92
telha(s) 67
  de vidro 70
  francesas 68
cerâmica 67
telhados 68
terças 69
terreno 12
tesoura(s) 69
  de madeira 19
teste de atrito 81
tijolos 1, 40
  aparentes 25, 38
  cerâmicos 63

laminados 40
maciços 40
prensados 35
refratários 71
tintas 37
tirantes 24
treliças planas 68
trincas 28, 42, 91, 97
tubo de esgoto 43
tubulação 43
de esgoto 45
tubulões 22

U
umidade 36, 72

V
vedação vertical 29
ventilação 5, 70
cruzada 5, 19
vernizes 54
véu de poliéster 92
vida útil 67
vidrado (esmalte) 81
vidro 51, 73
de segurança 51
laminados 1
vigas 29
vigotas
pré-fabricadas 91
pré-moldadas 15